LA MIA ISOLA "CAPRI"

CINQUEGRANA UMBERTO

Book Editors Group

INDICE

DISCLAIMER

Quest'opera è frutto dell'esperienza diretta, della vita vissuta e delle riflessioni dell'autore, scritte di suo pugno su alcuni quaderni nel corso degli anni. Frasi, pensieri e racconti che potrete leggere in questo libro seguono perciò fedelmente la vita dell'autore, che in queste pagine si intende narrare.

Voglia il lettore, pertanto, perdonare se qualche termine può sembrare desueto o qualche frase, magari, ingenua per quelli che sono i canoni odierni: il desiderio di chi scrive, infatti, è stato molto semplice fin dall'inizio, vale a dire raccontare la propria vita; quindi l'editore, di fronte a una richiesta così pura e lineare, non ha potuto "opporsi" o fare altrimenti.

D'altronde vi sono libri scritti per necessità, altri per desiderio di fama o di denaro e, infine, libri scritti da uomini di un altro tempo, lontanissimo rispetto al presente, forse sfocato nelle immagini che suscita o perfino remoto. Questi uomini hanno impresso i loro ricordi su fogli di quaderni ormai consunti e ingialliti e che, nondimeno, meritano d'essere conosciuti, rispettati e soprattutto tramandati.

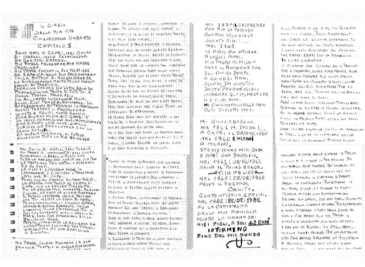

INTRODUZIONE

Umberto Cinquegrana

Sono nato a Capri – un'isola meravigliosa nel Golfo di
Napoli, universalmente conosciuta per la sua bellezza – da
genitori capresi: papà – il cui nome è Gaetano – era un falegname, mamma invece una casalinga. Mio padre svolgeva il

mestiere di ebanista nella propria bottega, unica nel suo genere a Capri, ed era molto apprezzato all'epoca perché le sue creazioni erano raffinate e prestigiose; costruiva infatti camere da letto, sale da pranzo, cucine, porte di ogni tipo, nonché portoni massicci. Con questo mestiere egli guadagnava bene, tanto che pensò di acquistare un appezzamento di terra, coltivato in prevalenza come uliveto e come orto, nonché inframmezzato da molte rocce, dal momento che si trovava in montagna.

Capri, del resto, è un'isola meravigliosa e il nostro terreno era situato sul lato nord dell'isola, sì che quando soffiava la tramontana e il vento infuriava, da lì era possibile contemplare la vastità e la magnificenza del Golfo di Napoli. Ecco perché mio padre s'innamorò di quel luogo: guardando in basso, infatti, potevamo ammirare il porto, attraversato dalla brulicante navigazione marittima, con le imbarcazioni che partivano per Napoli e per Sorrento e quelle che, in direzione opposta, entravano nell'insenatura. Lo sguardo, poi, si estendeva e si perdeva in lontananza, abbracciando l'intero panorama del lato nord dell'isola: riuscivamo così a scorgere nuovamente il porto, interessato dallo sbarco continuo dei tanti turisti, nonché la strada che raggiunge il centro di Capri, con la sua famosa piazzetta e infine la strada per Anacapri, il secondo comune dell'isola.

La vista, da questo rilievo, regala scorci di rara bellezza anche su Ischia, Procida e sulla costa di Napoli. Proseguendo nella sua corsa a perdifiato, infatti, da qui l'occhio abbraccia Castellamare di Stabia, Sorrento, Massa Lubrense, Punta

Campanella e poi il golfo. Superato questo braccio di mare ci troviamo già sulla bellissima isola e da queste brevi descrizioni si può immaginare lo splendore dei luoghi che mio padre amava e privilegiava, decidendo infatti che sarebbero stati quelli in cui noi avremmo vissuto, in pratica dentro una cartolina a colori.

Papà, d'altronde, voleva formare la sua famiglia proprio su questa montagna "incantata" e qui egli trovò lo spazio per costruire una casa in legno, che munì anche di gradini, necessari in quel contesto. Trascurò addirittura il suo lavoro da ebanista per dedicare anima e corpo a questo progetto ed egli non a caso cominciò dai gradini, perché servivano a scendere con facilità, giacché lì il terreno era molto scosceso. Lavorando sodo – anche perché era solo e nessuno lo aiutava – mio padre riuscì a realizzare gli scalini utilizzando alcuni sassi che poi lavorava con lo scalpello, con le mazzette e con tanto cemento. Giunto nell'area che aveva prescelto, realizzò il corrimano di legno corrispondente all'intera lunghezza delle scale, quindi iniziò a delimitare e a segnare il perimetro della nostra futura abitazione. Cominciò pertanto a tagliare qualche albero e diversi cespugli, anche perché la terra era incolta, dunque c'erano rovi e piante di ulivi; spianò una superficie molto estesa, quindi la cementò con l'idea di costruire in quel luogo la casa.

Fu un lavoro enorme, al quale egli si dedicò con abnegazione e con spirito di sacrificio: partiva infatti ogni giorno dalla sua bottega, perché qui poteva disporre del materiale utile, e lo portava in spalla tutto quanto, percorrendo in salita i tanti gradini che lo separavano dal luogo in cui sarebbe sorta la nostra casa. Cominciò pian piano l'opera di costruzione, aspettando che i lavori dessero forma al suo sogno; ma la verità è che papà era un vero maestro nel suo mestiere, quindi si entusiasmava per ciò che stava creando, nonostante il lavoro fosse davvero duro, perché l'abitazione alla quale intendeva dar vita doveva essere grande dal momento che avrebbe ospitato l'intera famiglia e una numerosa prole. Costruì pertanto una camera da letto, la cucina, il bagno, nonché un balcone che cingeva la casa per tutto il suo perimetro, e pensò anche a una grande finestra vista mare. Con la sua abilità e con le proprie mani, papà riuscì a edificare un vero e proprio *chalet*.

Rimaneva un'ultima tessera per completare il mosaico, ovvero sistemare il vialone, percorso il quale si arrivava alla casa: dai gradini fino all'ingresso, infatti, vi erano ancora 10 metri di terra da lavorare e mio padre non si tirò indietro. A questo punto, egli si dedicò a una nuova fase del suo progetto, complementare in certo modo alla prima: mettere su famiglia. Pensò bene, pertanto, di condurre la sua futura moglie in montagna, e insieme a lei scese i gradini, facendole vedere l'intera superficie su cui sorgeva la grande abitazione che egli aveva costruito. Mamma, non a caso, si innamorò subito del luogo, del panorama mozzafiato e ovviamente di tutto il lavoro che mio padre aveva sostenuto per regalarle quello splendido nido d'amore, quindi accettò la proposta di matrimonio.

Da questa unione nacquero sei figli, tutti maschi: io sono il secondogenito e prima di me aveva visto la luce mio fratello Salvatore, dopodiché c'ero stato io, appunto, poi Giuseppe, Andrea, Carmine, infine Luciano, che come figlio più piccolo fu subito coccolato e diventò ben presto l'amore dei miei genitori. Con la nascita mia e dei miei fratelli, pertanto, papà pensò che la casa che lui aveva progettato in legno, dovesse trasformarsi necessariamente in un'opera in muratura. Egli, peraltro, non svolgeva più il mestiere di falegname e si era dedicato sempre più intensamente a questa casa: un pezzo alla volta smantellava la parte in legno e la ricostruiva in muratura.

Da questo preciso istante, ha inizio il mio diario.

1

Questo è il mio manoscritto, vale a dire il mio diario, il diario della mia vita.

Sono nato il 5 settembre 1937. Quando avevo appena 3 anni ho cominciato a capire molte cose, innanzi tutto il significato della parola "guerra", poiché da Capri potevo udire i bombardamenti che fin dal 1940 avevano cominciato a colpire Napoli. Mio padre, per paura che i bombardamenti potessero interessare anche Capri, aveva costruito un rifugio, in pratica una grotta nella montagna: quando suonavano le sirene al passaggio delle squadriglie aeree, noi ci precipitavamo in questa grotta, ma gli aerei in realtà sorvolavano l'isola solo per bombardare Napoli. Intanto gli anni passavano e Napoli nel 1943 fu occupata dai tedeschi, poi ci furono le cosiddette Quattro Giornate, la città fu liberata, quindi arrivarono gli anglo-americani e i tedeschi, dandosi alla fuga, si ritirarono definitivamente. Dopo ben cinque anni di terrore, nel 1945 scoppiò la pace: la guerra era finita.

Nel 1945 avevo 8 anni e avevo iniziato ad andare a scuola; facevo la terza elementare e la maestra ci spiegò che la guerra era finita per merito degli americani. Ci spiegò inoltre perché Capri non era stata attaccata e devastata: vigeva infatti un accordo e un conseguente divieto internazionale di bombardare l'isola. Ci spaventammo, in realtà, solo quando i tedeschi si ritirarono: un caccia tedesco fu inseguito da due aerei americani e per alleggerirsi del peso sganciò due bombe a circa 300 metri dal porto. A quel punto una grossa colonna d'acqua si alzò dal mare e, durante quel combattimento aereo, qualche raffica di mitragliatrice raggiunse Capri.

Nelle immagini che ho deciso di riprodurre, è possibile ammirare la mia bella Capri, di cui scorgiamo il campanile e l'edicola, mentre alla destra c'è un bar, poi un arco attraversato il quale si accede a una via con gradini, che a sua volta scende per Marina Grande, con il bar all'angolo; quindi è la volta d'un grande negozio d'abbigliamento, il *Parisien*, superato il quale vediamo una viuzza e un arco e questa è la strada da percorrere per raggiungere la nostra casa: Via Belvedere Cesina, il cui nome era dovuto alla bellezza che suscitava la sua vista. Se decidiamo di ripercorrere i nostri passi e di tornare alla piazzetta, allora ci imbattiamo in Via Fuorlovado, che è molto stretta ed è piena di negozi di lusso; si dice, peraltro, che al tempo degli antichi romani gli schiavi da qui venivano gettati in un burrone. A Capri, inoltre, vi è una strada molto larga che porta all'albergo Quisisana; poi ci sono i famosi gradini della cattedrale, famosi perché i turisti che vi si siedono lasciano poco spazio a chi deve scendere o salire per visitare la chiesa. Dopo i gradini possiamo ammirare il piazzale della funicolare, che ogni tre minuti si riempie di turisti che partono o che arrivano a Capri.

Dopo avervi fornito alcune immagini sparse ma suggestive della mia isola, torno a scrivere della mia vita. Quando ebbi compiuto 10 anni, infatti, iniziò l'età adolescenziale. Terminata la quinta elementare, decisi che non avrei più studiato. Mio padre, allora, mi domandò cosa avessi intenzione di fare da grande. Premetto che nella mia famiglia tutti erano musicisti, ma io non ho seguito questa strada e sentivo già allora che il mio sarebbe stato un percorso diverso e che per me sarebbe iniziata una grande e differente avventura.

Papà all'epoca conosceva il signor Coppola, titolare del negozio presso il quale si decise che avrei imparato il mestiere del sarto. Mi presentai il primo giorno da Coppola all'ora concordata, perché sapevo che quell'uomo teneva molto alla puntualità. Già il primo giorno di lavoro, egli mise nelle mie mani un ferro da stiro, qualche legnetto, del carbone e alcuni fiammiferi, quindi disse: «Vai sulla strada, accendi la legna, poi metti il carbone e alimenta il fuoco con un ventaglio. Fai consumare finché i carboni saranno roventi». All'epoca, del resto, si usava il ferro a carbone e Coppola pertanto mi ricordò che al mattino sarei dovuto arrivare presto al lavoro, appunto perché dovevo occuparmi preventivamente del fuoco.

Cominciai a lavorare presso Coppola facendo il garzone. In sartoria, assieme a me, erano impiegati un ragazzo e una ragazza, ma loro già erano a negozio da qualche tempo. Il ragazzo si occupava dei pantaloni, mentre la ragazza faceva tanti singoli "lavoretti" che in realtà erano utili al titolare, perché man mano li assemblava e così era in grado di soddisfare le numerose richieste dei clienti. Quando ebbe inizio questa avventura, io avevo 11 anni; lavorai da Coppola per quattro anni ancora e alla fine avevo imparato a realizzare i pantaloni, nonché le giacche. Il titolare, nondimeno, permetteva che io mi occupassi solo delle maniche delle giacche; pertanto a 16 anni io in teoria sapevo fare molte cose in qualità di sarto, ma in pratica poco e niente perché Coppola a ben vedere era gelosissimo del "suo" mestiere, quindi insegnava ai lavoranti e ai dipendenti solo ciò che gli faceva comodo, dunque era ben attento a non trasmetterci nulla delle sue conoscenze più profonde, della sua vera "arte".

Io, tuttavia, avevo un pregio, cioè osservare con grande attenzione Coppola mentre lavorava, soprattutto il modo in cui lui assemblava e portava a termine un lavoro che aveva iniziato, fosse una giacca, un gilet o altro. Il suo atteggiamento, nondimeno, mi infastidì a lungo andare, così un bel giorno mi infuriai, non mi trattenni e domandai al signor Coppola: «Ma lei, se non mi insegna a fare un abito, io cosa ci sto a fare qua?». Per tutta risposta lui mi disse che quello che mi aveva insegnato era anche troppo, infine mi avvertì: «Se non ti conviene e non ti sta bene, puoi anche andartene». A quel punto mi alzai dallo sgabello su cui, per circa quattro anni, ero rimasto seduto, anzi incollato, ma in realtà senza imparare niente all'atto pratico; quindi afferrai lo sgabello e, con rabbia, lo lanciai contro Coppola, poi raccolsi la mia roba e uscii dal negozio.

Girovagai fino all'ora in cui fu possibile per me tornare a casa senza destare sospetti; non dissi però niente a mio padre e neanche a mia madre di quel che era avvenuto. Il giorno seguente uscii di casa alla solita ora. Sulla stessa strada che porta ai Faraglioni sapevo che c'era un'altra sartoria; entrai e dissi al titolare(il sig.Ferrara Antonio)che volevo parlare con lui. Questi abbandonò momentaneamente il lavoro, mi fece accomodare e mi chiese cosa desideravo. Gli spiegai allora quel che era accaduto da Coppola, ma ero molto nervoso nel raccontare questi fatti, pertanto l'uomo fu estremamente gentile e riuscì a calmarmi: «Spiegami, senza agitarti, cos'è successo» mi disse con grande tranquillità.

Spronato da questo suo comportamento, gli raccontai tutto: che lavoravo da Coppola, ma anche del modo in cui lui mi aveva trattato durante quegli anni, e soprattutto che non permetteva a nessuno di imparare davvero il mestiere. Dopo avermi ascoltato attentamente, il mio interlocutore mi chiese: «Mi dici cosa sai fare?»; al che risposi: «In teoria tutto, perché ho sempre osservato Coppola quando lavorava, ma mi manca la pratica. Vorrei venire a lavorare qui da lei, se lo consente; e non voglio soldi, perché mi basta che col suo aiuto io riesca alla fine a imparare questo mestiere. Fra un paio d'anni, infatti, mi chiameranno per la leva, insomma dovrò fare il militare e, se non imparo adesso, quando sarò tornato cosa potrò mai fare?».

Quell'uomo allora comprese e mi disse: «Umberto, se vuoi puoi restare da me già quest'oggi, anche perché ho proprio bisogno di un ragazzo in grado di aiutarmi nel lavoro. Come vedi, in sartoria sono solo e tante volte mi è capitato di dover uscire e di essere costretto a chiudere il negozio, dal momento che mia moglie ne ha un altro, un atelier suo in Via Fuorlovado, dunque non può supportarmi in alcun modo. Se rimarrai a lavorare qui da me, pertanto, mi farai compagnia ed io ti insegnerò bene questo mestiere. Ancor prima di essere richiamato per il servizio militare, ti prometto che sarai un sarto. Aiutami a finire i lavori che devo portare a termine, poi cominceremo a vedere nel dettaglio quali sono le tue qualità e la tua capacità di apprendimento. Ora ti taglio la stoffa e una grisaglia nocciola per un abito per te e, a tempo perso, piano piano, tu lo cuci ed io ti aiuterò a confezionarlo».

Udite queste parole, dissi mille volte grazie ad Antonio , che mi prese per mano come se fossi suo figlio. Pieno di riconoscenza, realizzai l'abito con la stoffa che lui aveva tagliato per me e, con il suo aiuto, imparai in fretta il mestiere. Non passarono neanche tre mesi che Antonio mi disse: «Questo abito domani lo metti in prima prova». Iniziai pertanto a perfezionarlo: cominciai a fare i sorfili alla giacca, poi tagliai le canape per dare la forma del torace; insomma feci tutto alla perfezione e quell'uomo rimase stupito dalla mia bravura. Dopo che ebbi superato questa prima prova, lui fece alcune piccole correzioni al mio lavoro, quindi disse: «Portami la giacca alla seconda prova», ossia dovevo cucire il "dietro schiena", inserire la fodera e le tasche interne, poi foderare davanti, imbastire i fianchi e le spalle, fare il sotto-collo e, quando ebbi terminato d'imbastire anche le mani-che, la giacca era pronta per la seconda prova. Certo, se chi legge queste pagine non è del mestiere, non sarà agevole per lui comprendere come si possa realizzare, a mano, un abito da un unico taglio di stoffa.

Il mio maestro, comunque, fu soddisfatto del lavoro che avevo svolto ed ebbe anche l'opportunità di prendere nota della perfezione dell'appiombo delle maniche che avevo realizzato, tanto più che si tratta d'un passaggio molto importante. Una volta indossato, infatti, l'abito era perfetto e calzava a pennello al cliente. Pertanto Antonio mi disse: «Adesso devi terminare la giacca». Io obbedii e cucii i fian-chi, imbastii bene le fodere, lavorai il giro delle maniche, poi cucii le spalle e inserii il sottocollo: la giacca aveva preso forma. Si trattava, peraltro, di una lavorazione interamente artigianale, a mano, e oggi è molto difficile spiegare tutto ciò, perché attualmente il procedimento è diverso: si misura il giromanica, poi si imbastiscono le maniche, si cuciono a macchina, si mettono le spalline, la coperta al collo, quindi si cuciono a mano le fodere interne, si fa la punteggiatura sul davanti, compreso il collo, e la giacca è finita.

Con l'aiuto del maestro, nondimeno, quella poteva considerarsi la prima giacca da me realizzata: fui soddisfatto di quel lavoro e Antonio mi fece tanti complimenti. Iniziai a pensare che potevo farcela, mentre se fossi rimasto da Coppola non avrei imparato nulla e non ci sarei riuscito. Lavorai con il mio maestro quasi un anno e mezzo ed egli fu sempre molto soddisfatto, mentre io non smettevo di ringraziarlo per l'opportunità che mi era stata offerta e che ero stato capace di cogliere al volo.

2

Un giorno arrivò la lettera tanto attesa dal Comando militare di Napoli. Salutai, ringraziandolo, il mio maestro che mi aveva dato la gioia e la consapevolezza di poter imparare e praticare il mestiere di sarto. Salutai inoltre tutti i miei amici, soprattutto mio cugino Vincenzo, che aveva già fatto il militare in marina come sommozzatore su una nave da guerra. Fu lui a farmi tante raccomandazioni, ad esempio spiegandomi che il periodo di leva era molto lungo e che, pertanto, mi sarei dovuto comportare bene, stando attento soprattutto alla disciplina, che sotto le armi è sempre rigida. Il servizio militare, d'altronde, se non lo prendi con filosofia e persino con allegria, può diventare un tormento e si può anche avere la sensazione che il tempo non passi mai. Vincenzo mi diede un ultimo consiglio: comunicare al Comando di Napoli che il mio desiderio era di fare il marconista. Con un abbraccio e tanti auguri salutai infine i miei genitori, anche perché il periodo della leva era lungo ed io non li avrei rivisti per molti mesi.

Partii per Napoli e affrontai comunque con entusiasmo questa nuova avventura. Arrivato al Comando, quello stesso giorno mi consegnarono tutto l'equipaggiamento occorrente: un borsone, la divisa, le scarpe per la libera uscita, gli scarponi per marciare, un fucile davvero pesante – il cui nome è Garant e che usavamo durante le esercitazioni – infine uno zaino. A Napoli rimasi una settimana. Le giornate lì erano tutte uguali e trascorrevano nella stessa maniera: sveglia al mattino, adunata in cortile, esercitazione, corse a ostacoli per saggiare le capacità di ogni soldato. Erano previste anche ore da dedicare allo studio ed io avevo informato i superiori di essere un sarto. Durante un colloquio che ebbi con il Comandante del mio gruppo, chiesi di poter frequentare la scuola trasmissioni e il Comandante mi accontentò.

Terminato il primo periodo a Napoli, mi trasferirono in
Liguria, che raggiunsi in treno, in un viaggio che feci con
pochi altri militari. Arrivammo ad Albenga, dove si trovava
la scuola trasmissioni. Quando mi presentai, all'ingresso
c'erano due militari di guardia, che chiamarono il capoposto

il quale mi condusse subito dal Capitano. Dopo un breve colloquio, fui accompagnato nelle camerate, dove mi fu assegnata la branda, insomma la mia "cuccia" per dormire. Mi fu spiegato quali sarebbero state le disposizioni e le regole da rispettare: innanzi tutto sveglia al mattino alle ore 6, quindi adunata in cortile e appello di tutti i presenti; poi si scioglievano le righe e avevamo mezz'ora di tempo libero. Prima, comunque, si doveva riordinare la branda e successivamente andare al lavatoio, quindi fare colazione e, infine, presenziare a una nuova adunata in cortile: tutto ciò, solo in mezz'ora. Capirete che *tour de force*: dovevamo scattare come molle!

Dopo l'adunata, ogni militare doveva svolgere le mansioni che gli erano state assegnate, mentre io sin dall'inizio fui condotto in un'aula, nella quale cominciai ad apprendere le prime nozioni utili per fare il marconista. Il periodo di studio era di due mesi: le lezioni erano solo al mattino, dalle ore 9 all'ora di pranzo, durante le quali imparavamo l'alfabeto Morse ed eravamo impegnati in diverse esercitazioni. Questa fase di apprendimento fu interessante: nel corso delle lezioni, infatti, avevamo a disposizione un piccolo trasmettitore e una pulsantiera, con le quali eravamo in grado di scrivere parole e poi frasi in codice. Trascorso questo primo periodo, iniziammo a realizzare collegamenti per comunicazioni interne alla stessa caserma e dopo circa quindici giorni cominciammo a collegarci con l'esterno, cioè con altre caserme della zona. Al termine di questo percorso di studio e di pratica, diedi gli esami presso la Scuola Telecomunicazioni delle Forze Armate, ottenendo una valutazione positiva: "molto buono", con un punteggio di 17,85/20.

Fui trasferito allora presso la caserma di Chiavari, dove prestai servizio presso il XLII Battaglione Trasmissioni, con la qualifica di "marconista". A Chiavari ebbe inizio una fase del mio servizio militare ricca di soddisfazioni. Il mio incarico era di realizzare quattro collegamenti giornalieri: il primo era alle ore 6 del mattino, mentre il secondo alle ore 12, prima di pranzo; il terzo collegamento invece era alle ore 18, prima di cena, e il quarto e ultimo collegamento alle ore 23, prima di andare a dormire. Dopo che mi furono assegnate queste mansioni, osservai con piacere che fra un collegamento e l'altro avevo del tempo libero, a mia disposizione; fu allora che ebbi l'idea di recarmi nella sartoria militare di Chiavari, per visitarla e parlare con il caposarto.

Lì lavorava una ragazza molto giovane, che ancora non era maggiorenne. Dissi al caposarto che ero un suo collega e lui mi garantì che se ne avessi avuto bisogno sarei potuto andare a trovarlo. Gli feci presente che avevo alcune divise da sistemare e quell'uomo fu molto gentile, perché mi confermò che potevo andare da lui quando volevo. Mi spiegò inoltre che per i militari della scuola trasmissioni il periodo di leva era di almeno novanta giorni, poi venivano trasferiti al Comando centrale del Battaglione, che si trovava a Padova. Potevo anche beneficiare di tre giorni liberi alla settimana, quindi ne approfittavo per sistemare le mie divise di lavoro e di libera uscita: il giubbino e i pantaloni che mi erano stati assegnati, infatti, erano fuori misura e necessitavano di qualche aggiustamento.

Peraltro mi recavo volentieri in quella sartoria perché stavo facendo conoscenza con la biondina che lavorava lì e che era molto bella. Frequentai assiduamente la sartoria per una settimana, così ebbi l'opportunità di fare quattro chiacchiere con quella fanciulla. Un giorno che ero di libera uscita chiesi alla ragazza se le faceva piacere uscire con me, magari per andare a mangiare una pizza. Lei inizialmente fu titubante, ma io le spiegai che avremmo fatto solo una passeggiata sul lungomare e poi, se ne avesse avuto voglia, saremmo potuti andare a mangiare qualcosa. Dico la verità: a quei tempi ero un bel ragazzo, e poi con la divisa nuova, che avevo sistemato in sartoria, avevo davvero un bell'aspetto. Così lei accettò e uscimmo insieme per la prima volta: facemmo una bellissima passeggiata, ci conoscemmo meglio e fui io, per primo, a parlare di me.

Le dissi subito dove ero nato, in una magnifica isola chiamata Capri, nel Golfo di Napoli; poi che avevo imparato il mestiere di sarto e che, non appena terminato il servizio militare, il mio desiderio era quello di aprire una sartoria a Capri. Le dissi inoltre che i miei genitori mi avevano chiamato Umberto e che il mio cognome era Cinquegrana. A quel punto chiesi a quella ragazza se aveva voglia di parlarmi di lei. Mi disse che si chiamava Graziella Testa, che la sua famiglia era veneta ed era molto numerosa, la mamma era casalinga e il padre un pescatore sul fiume Adige. Il pesce che pescava veniva venduto dalla madre e, con quei pochi soldi, dovevano vivere tutti in famiglia.

Graziella inoltre mi raccontò della sua infanzia, che peraltro non era neanche bella da raccontare:

«Si viveva di stenti e mia madre doveva portare a casa un po' di cibo: si recava dai contadini a fare qualche lavoro, così le davano uova e frutti – soprattutto mele, perché in quella zona coltivano tante mele – e poi tanta verdura. Andavamo avanti così. Poi accadde un fatto molto grave: avevo 10 anni e ci fu l'alluvione, che mise in ginocchio la parte meridionale del mio paese, proprio dove abitavamo noi. Mia madre allora pensò di portarmi dalle suore e mi disse: "Così vivrai meglio e, quando sarai maggiorenne, potrai tornare a casa". Le suore si trovavano a Rovigo , e vista la poca distanza fra la mia casa e il convento mamma mi veniva a trovare tutte le settimane. Poi, però, per colpa dell'alluvione le suore furono costrette a trasferirsi in Liguria, e precisamente a Chiavari. Le suore qui mi insegnarono il ricamo, nonostante io mi annoiassi a stare sempre in convento; così, un giorno, la madre superiora mi convocò e mi disse: "Graziella, ho parlato con il Comandante e, se preferisci andare a lavorare alla caserma che dista circa 500 metri dal convento, vai nella sartoria militare così imparerai a cucire e, la sera, noi ti aspetteremo per la cena". Fui molto contenta di questa opportunità che mi stava offrendo la madre superiora ed eccomi qua: infatti è per questo motivo che mi trovo tuttora in sartoria. Avevo proprio bisogno di conoscere qualcuno che rendesse più felice questa vita noiosa. Io mi sento sempre sola e ho pensato di farmi suora al raggiungimento della maggiore età. Umberto, ti ho raccontato il mio calvario, dalla nascita fino all'adolescenza.

Adesso che ho quasi 17 anni voglio sperare che la mia vita possa cambiare in meglio, lasciando dietro di me tutto ciò che ho subìto».

Graziella era felice di avermi conosciuto e così, quando ero in libera uscita, mi aspettava con ansia. Dopo un mesetto che ci frequentavamo scattò la scintilla: il primo bacio mozzafiato, dopo il quale lei mi confessò che si stava innamorando di me. Anch'io provavo lo stesso sentimento, che tocca il cuore, e per ricambiare quella frase – *Mi sto innamorando* – la baciai ancora e poi ancora. Quella sera la accompagnai al convento e poi andai in caserma; dopo cena, alle 10, eravamo tutti a letto, ma io nel corso di quella notte non riuscii a dormire. Il giorno dopo ero di servizio, e dopo il primo collegamento alle ore 6, con Albenga, mattina e pomeriggio, alle ore 18 e alle 23 dovevo collegarmi con Padova, però il tempo libero lo trascorrevo sempre in sartoria. Adesso, inoltre, avevo un motivo in più per andarci ed ero felice di appurare quanto Graziella fosse contenta d'incontrarmi, al punto che le brillavano gli occhi quando mi vedeva arrivare.

Non avevo mai provato un sentimento così forte per una ragazza e anche se a Capri avevo avuto una fidanzatina, si era trattato proprio di una cosa senza importanza. Intanto passavano le settimane, ed io e Graziella eravamo sempre più uniti e innamorati: me ne accorgevo dal modo in cui lei si comportava, dai baci che mi dava, dalle tante carezze; percepivo inoltre nei suoi occhi la gioia quando usciva di sera insieme a me e si legava al mio braccio senza mai staccarsi. Quando usciva con me e incontrava le persone che conosceva,

Graziella mi presentava subito a loro, fiera di tenermi stretto al suo braccio. In quei momenti mi immaginavo che anche lei stesse iniziando a pensare al nostro futuro, insieme: la sua vita infatti era stata un calvario sino ad allora e, adesso, con me era felice.

Pensavo però che non mancava molto tempo al mio trasferimento a Padova e, allora, ci saremmo separati per alcuni mesi. Poi però la guardavo negli occhi, mi rendevo perfettamente conto dell'amore che lei provava per me e scacciavo questi pensieri negativi. Trascorremmo insieme ancora una settimana, durante la quale fummo molto felici; quando uscivamo, di sera, ci fermavamo alla solita pizzeria, anche più di un'ora, ed io parlavo molto con lei di questo problema del trasferimento, che procurava a Graziella una forte sofferenza. Io infatti potevo vedere qualche lacrima scendere sulla sua guancia rosa, anche se lei in questa maniera diventava ancora più bella. Per rincuorarla la stringevo a me e la baciavo, ma mi accorgevo che era molto triste. Mi diceva che se non fossi tornato a prenderla, lei si sarebbe fatta suora: «Quando compirò 18 anni, saranno circa 8 anni che vivo in convento ed io non ho mai conosciuto la felicità, ma ho incontrato sulla mia strada te, Umberto, che mi hai ridato la vita e di ciò te ne sono molto grata. Ti aspetterò pensandoti sempre».

Una mattina il Comandante mi chiamò nel suo studio, comunicandomi che il periodo trascorso a Chiavari era terminato, quindi si complimentò per il mio modo impeccabile di comportarmi e di svolgere il servizio militare: «Riferirò tutto al tuo prossimo Comandante a Padova» egli infatti mi promise. Quella sera uscii come al solito con Graziella, ma fui molto attento a non farle comprendere nulla del mio imminente trasferimento a Padova, perché non volevo rovinare quella gioia che avevo visto sbocciare nei suoi occhi. Mangiammo la solita pizza – ormai eravamo abituati a quella sosta – poi facemmo la solita passeggiata, ci sedemmo su una panchina, ci abbracciamo come di consueto, dandoci sempre tanti baci mozzafiato. Con un piccolo stratagemma, tuttavia, a un certo punto pensai bene di darle la triste notizia. Mi sganciai la catenina d'oro che portavo al collo, la strinsi prima nelle sue mani, poi la agganciai al suo collo dicendole:

«Graziella, questo è il mio pegno d'amore, perché questa è l'ultima sera che usciamo insieme. Il Comandante mi ha ordinato il trasferimento a Padova».

Lei udendo queste parole si mise subito a piangere, chiedendomi poi ansiosamente: «Mi lasci sola?».

«Non ti lascio sola» le risposi, «e durante questo periodo avrai comunque modo e tempo per pensare a me. Con la promessa di scriverci almeno una lettera alla settimana, vedrai che il tempo volerà e al mio congedo io verrò a prenderti per portarti a Capri, così ti farò conoscere i miei genitori e tutti i miei fratelli. Ti porterò a visitare l'isola, che del resto è davvero meravigliosa».

L'ultima sera che passai con Graziella finì così, con tante lacrime. La accompagnai fino al convento anche se lei non voleva lasciarmi, ma io con parole belle e affettuose la convinsi: la rassicurai che la nostra storia non sarebbe finita, né quella sera né mai. Graziella aprì il portone del convento e sparì, mentre io tornai in caserma a preparare la valigia e la borsa della mia biancheria, pronto per partire l'indomani, destinazione Padova.

3

Appena arrivai a Padova, alla stazione c'erano due militari che mi attendevano: guidavano una jeep militare, sulla quale mi fecero salire, portandomi poi alla caserma Pio Spaccamela, a Udine. Io ero raggiante, perché il servizio militare non finiva mai di stupirmi e per me stava diventando una bella avventura, nel complesso, che inizialmente non avrei mai immaginato. Giunto in caserma, mi portarono direttamente al Comando. Il Capitano mi diede il benvenuto con una stretta di mano, e questo comportamento mi stupì, perché credevo di dovermi mettere sull'attenti, come di consueto. Quell'uomo mi fece qualche domanda sul mio lavoro di sarto e solo successivamente mi fece mettere sull'attenti, dopodiché mi fece accompagnare all'alloggio, dove mi fu assegnata la branda, l'armadietto in lamiera per sistemare le divise e la biancheria.

I commilitoni di stanza mi salutarono, ed io li trovai tutti molto gentili. Al capoposto, che era il Maresciallo, consegnai il fucile, che mi veniva restituito quando facevamo le adunate con le armi. Alla mattina c'era la solita sveglia alle ore 6, quindi l'adunata in cortile, poi la prassi consueta, ovvero rassettarci, colazione, ritorno in cortile per l'ennesima adunata, tutti sull'attenti, infine lo "sciogliete le righe!". Anche in questa caserma tutti i militari si occupavano delle mansioni che venivano loro assegnate. A me ne avevano assegnate per complessivi tre giorni a settimana. Il Capitano dopo quella prima adunata mi convocò al Comando, dove mi presentai puntuale mettendomi sull'attenti; il Capitano mi fece accomodare e mi spiegò subito il motivo di quel colloquio:

«Cinquegrana, il tuo mestiere è il sarto ed io ho un paio di divise nuove che sarebbero da mettere un po' in ordine. Troverai nelle tasche tutti i gradi che vanno cuciti; puoi fare questo lavoro per me?».

«Signorsì Capitano» risposi prontamente, «lei indossa la divisa nuova e io valuterò ciò che va fatto; può chiamarmi quando crede e quando avrà tempo, così verrò da lei per prendere le misure».

Il giorno successivo il Capitano mi convocò direttamente in casa sua, nella quale c'era anche la moglie, che preparò un buon caffè. Dopo aver preso le misure mi recai alla sartoria militare, nella quale il caposarto mi fornì l'occorrente per lavorare: un ditale e del filo adatto per cucire tutti i gradi. Impiegai una giornata per portare a termine quel lavoro, dopodiché andai al Comando, dal Capitano. Indossò solo la giacca, si guardò allo specchio e notò immediatamente con quanta precisione io avevo cucito i gradi. Mi disse infatti che ero stato molto bravo e mi voleva anche pagare per quel lavoro così ben fatto, ma io rifiutai. Chiesi solo di poter andare in libera uscita assieme ad alcuni commilitoni, con cui avevo stretto amicizia già dal primo giorno. Il Capitano allora mi disse che dopo la cena c'era la libera uscita, ma mi ricordò che alle ore 22 ci sarebbe stato l'appello e tutti a quell'ora dovevano comunque trovarsi vicino alla propria branda. Lo rassicurai a tal proposito e lui mi ringraziò.

Ebbi subito la possibilità, pertanto, di uscire con la mia bella divisa che avevo accomodato a Chiavari, col cordone sulla spalla sinistra bene in evidenza, che rappresentava il Corpo delle trasmissioni. I miei colleghi mi portarono a visitare Padova, in particolare i posti più belli di questa città. Quando tornammo in caserma salutai i miei amici, andai al mio posto con indosso il pigiama aspettando l'appello; del resto ero appena al secondo giorno della mia nuova destinazione ma – dico la verità – ero davvero entusiasta di come si stava svolgendo il servizio militare, che infatti mi piaceva molto. Intanto avevo già scritto una lunga lettera a Graziella, spiegandole come il Capitano e l'intero ambiente lì mi avessero accolto positivamente, come in caserma fosse tutto gradevole e le raccontai anche della mia prima libera uscita. Le scrissi, ovviamente, che mi mancava molto e che già mi tornavano alla mente le nostre passeggiate sul lungomare e tutte le serate che avevamo trascorso insieme a Chiavari. Mi mancavano soprattutto i nostri baci. Le scrissi inoltre di avere tanta fiducia in me, così come io ne avevo in lei e le ricordai infine che il tempo della nostra separazione era sì lungo ma, pensando l'uno all'altra in maniera così intensa e reciproca, esso sarebbe trascorso velocemente, volando via, come le farfalle.

Le settimane intanto passavano ed io svolgevo sempre con solerzia i compiti che mi venivano assegnati: i collegamenti li facevo perlopiù con Albenga, Chiavari, Udine, Trieste e queste mansioni non mi pesavano affatto, anzi mi piacevano molto. Una mattina mi convocò il Capitano, il quale mi fece una piacevole proposta: «Sta andando in congedo un militare che svolge le tue stesse mansioni. Ti piacerebbe andare a Udine per sostituirlo?».

«Sì, andrei volentieri» fu la mia risposta, «anche perché questo servizio militare mi sta dando tante soddisfazioni, che non immaginavo neppure, signor Capitano. Se lei è d'accordo, posso andare a Udine e, di certo, non la deluderò».

L'indomani, pertanto, presi il mio equipaggiamento – compreso il fucile che avevo in dotazione e che dovevo sempre portare con me – e partii. Arrivato a Udine, come in altre trasferte c'erano due militari ad attendermi alla stazione con un fuoristrada. Raggiungemmo la caserma e il Maresciallo della mia compagnia mi accolse con il saluto militare, accompagnandomi dal Capitano, il quale sapeva già tutto di me, quindi mi disse soltanto: «Mi hanno riferito che da civile fai il sarto e che sei un militare modello».

«Grazie signor Capitano» risposi.

Dopo questo breve colloquio un appuntato mi accompagnò alla branda, poi mi disse: «Quando avrai sistemato le tue cose, vai dal Maresciallo per consegnare il tuo fucile». Il Maresciallo della mia compagnia mi fornì tutte le spiegazioni relative al servizio che avrei svolto. Anche a Udine vigeva la medesima prassi. Eravamo in due a occuparci dello stesso lavoro, così avevo tre giorni liberi alla settimana, sempre rispettando le consegne. Faceva molto caldo da quelle parti, anche perché eravamo in estate e potevo vedere che tanti militari della mia caserma quando erano in libera uscita noleggiavano una bicicletta per girare in città. Pensai allora di noleggiarne una anch'io e di scoprire il centro di Udine e le sue periferie.

Durante una di queste passeggiate scoprii che nelle vicinanze di Udine c'era un fiume, ed io potevo vedere le persone che andavano a fare il bagno e a prendere il sole. Tornai quindi in città per cercare un negozio che vendesse articoli da mare: dopo averlo trovato, comprai uno zainetto, delle pinne e degli occhiali per immergermi e nuotare nel fiume. Rientrai in caserma molto contento, depositai lo zaino nel mio armadietto perché era venuta l'ora di andare a mensa per la cena. Poi scrissi una lettera alla mia ragazza, raccontandole del trasferimento da Padova a Udine e che ero felice di come stesse procedendo il periodo di leva:

Sai Graziella, a pochi chilometri, circa 5, c'è un fiume chia-mato Natisone ed io ho pensato di andare a fare il bagno. Però, poiché il fiume corre e non è come il mare, ho comprato pinne, occhialini e uno zainetto, così noleggio una bici e, quando ho la giornata libera, vado a fare il bagno e a pren-dere il sole. Sai che siamo in estate, qui fa molto caldo. Se fossi rimasto a Chiavari saremmo potuti andare al mare insieme, ma purtroppo il servizio militare ci ha separati, mia cara Graziella. Vedrai che il tempo volerà, ed io prima o poi verrò a prenderti per portarti con me a Capri. Vuoi sapere un'altra cosa? Ho parlato con i miei genitori e ho detto loro che mi sono fidanzato con una ragazza più giovane di me, che si chiama Graziella. Quando finirò la leva – ho detto a papà e a mamma – la porterò con me a Capri, perché mi sono innamorato e penso proprio che celebreremo le nostre nozze nel luogo in cui sono nato.

Era passata appena una settimana da quando ero stato trasferito a Udine e già stavo pensando a come organizzare la mia giornata libera per andare al fiume. Purtroppo, però, il Natisone si trovava fuori presidio e in teoria non avrei potuto recarmi lì, ma io avevo troppa voglia di divertirmi e di tentare la sorte, sperando che nessuno avrebbe scoperto quello "sconfinamento". Passò quindi un mese, durante il quale riuscii a fare tranquillamente le mie gite al fiume, dove c'era sempre gente che prendeva il sole ma, tranne me, nessuno che si tuffasse in acqua. Io avevo trovato una roccia e da lì mi tuffavo, da circa quattro metri di altezza, e facevo divertire tutti quelli che mi guardavano. Una volta, però, dopo che mi ero tuffato, il Natisone mi aveva riportato a valle per circa cento metri ma, grazie alle pinne, riuscii a risalire il corso d'acqua.

Durante quelle giornate ebbi l'opportunità d'incontrare e conoscere diverse persone, con le quali mi fermavo a parlare. Un giorno una di queste persone osservò maliziosamente:

«Ma lo sa che dalla caserma al Natisone sono più di cinque chilometri e che lei, venendo qui a fare il bagno, si trova fuori presidio?».

«Sono nato in un'isola meravigliosa nel Golfo di Napoli, Capri, in mezzo al mare e quando vedo un corso d'acqua io non posso fare a meno di tuffarmi e di nuotare» risposi con molta sincerità; quindi aggiunsi: «Sì, so di essere fuori presidio. Come militare faccio il marconista e con il mio lavoro, alternandomi nei turni con un commilitone, ho tre giorni liberi a settimana, durante i quali cerco di sfruttare al meglio questa opportunità. Lo so di rischiare ma, fino ad ora, il Maresciallo non mi ha scoperto».

Dopo questa conversazione passò ancora una settimana, cioè altri tre bagni al fiume, ed io ormai pensavo che tutto filasse liscio; un giorno, tuttavia, non feci in tempo a uscire dalla caserma che mi fermò il Maresciallo, il quale intimò: «Fammi vedere cosa hai nello zaino». Io obbedii, aprii il mio zaino e lui tirò fuori le pinne, gli occhiali e l'accappatoio. A quel punto mi chiese: «Dove pensi di andare con questo equipaggiamento?» ed io risposi candidamente che mi serviva per fare il bagno. Il Maresciallo però non la bevve e mi accompagnò subito dal Capitano, che a sua volta mi domandò:

«Dimmi la verità, dove vai a fare il bagno?».

«Al fiume Natisone» fu la mia risposta.

«Lo sai che i militari non possono assolutamente uscire dal presidio?» replicò secco il capitano.

«Sì, signor Capitano, lo so» ammisi allora io, «perché dopo un po' di tempo che mi recavo al fiume qualcuno mi ha messo in guardia. Signore, lo sa che fa molto caldo e che io vengo da un'isola che è circondata dal mare? Io amo nuotare, e dopo aver scoperto che da queste parti esiste un magnifico posto per nuotare, la mia tentazione è stata fortissima e, sinceramente, non ho pensato alle conseguenze. Per questo motivo mi voglio scusare con lei. Sa che ho sempre fatto il mio dovere, infatti sto avendo molte soddisfazioni, mi piace il mio lavoro qui ma evidentemente ho sbagliato e non ho riflettuto abbastanza, dimenticandomi di tutto il periodo di leva che per me deve ancora trascorrere».

Il Capitano mi ascoltò attentamente, dopodiché disse: «Cinquegrana, ti capisco, però quello che hai fatto è molto grave. Fai la tua valigia e domani parti per Padova; io riferirò il motivo del tuo rientro».

Al mio rientro in Veneto fui convocato subito dal Capitano, il quale mi fece una ramanzina, ricordandomi che quando si è sotto le armi non si può fare quel che si vuole. Inoltre mi comunicò: «Ti voglio bene, soprattutto per il periodo che hai passato qui da me e che è stato positivo, perciò non ti punirò e svolgerai i compiti che ti erano stati assegnati prima di andare a Udine. Il Maresciallo ti assegnerà un posto in camerata e ti spiegherà con chi dovrai fare i turni di collegamento».

«Signore, la ringrazio» fui pronto a rispondere, per poi aggiungere: «Volevo anche chiederle se nelle ore libere posso andare in sartoria, perché a me piace lavorare».

«Va bene, parlo io con il caposarto» disse il Capitano.

Così ripresi a fare la vita che facevo prima del trasferimento a Udine. Mi occupavo dei collegamenti con Chiavari, Albenga, Udine e Trieste, poi andavo in sartoria, dove il caposarto era contento che fossi rientrato e mi assegnava sempre alcuni lavoretti relativamente alle divise. Intanto i giorni passavano ed io scrivevo sempre a Graziella, raccontandole per filo e per segno quello che facevo e ciò che mi succedeva. Un giorno il Capitano mi convocò nel suo ufficio e, con lui, c'era anche la moglie: mi chiesero se potevo aggiustare un bell'abito della donna, perché dovevano andare a una festa e volevano che io ritoccassi quell'abito da sera. Feci presente che per ritoccare un abito del genere era necessario che la signora lo indossasse, allora il Capitano e sua moglie mi chiesero di recarmi a casa loro durante la mia giornata libera.

Ciò che mi avevano chiesto, d'altronde, non era affatto semplice, perché quell'abito era perfetto; nondimeno era necessario modificarlo perché era un abito che la signora aveva già sfoggiato diverse volte. Lei mi diede del tessuto da applicare: voleva una scollatura molto appariscente, una scollatura rotonda verso lo stomaco che scoprisse un po' i seni, insomma dovevo fare un'opera d'arte. Ci misi tutto l'impegno possibile e immaginabile per svolgere un bel lavoro, senza rovinare quell'abito meraviglioso: basti pensare che mi ci vollero ben due giorni per apportare le modifiche necessarie, e andai anche a casa del Capitano per far provare l'abito alla donna, prima di portare a termine quel lavoro così delicato. La prova andò bene, tranne qualche ulteriore modifica che la signora mi suggerì. Quando ebbi finito, dissi a me stesso con soddisfazione che il lavoro era riuscito perfettamente, infatti quando la moglie del Capitano indossò l'abito mi fece tanti complimenti: insomma le piaceva molto e anch'io rimasi soddisfatto e ammirato dalla bellezza di quella donna, specie nell'attimo in cui i miei occhi avevano potuto scorgere qualcosa che lei, fino ad allora, aveva nascosto.

4

Ormai la stagione stava quasi terminando e pochi giorni dopo mi consegnarono la posta: proveniva da Capri ed era una lettera di mio padre, nella quale mi chiedeva se fosse possibile per me ottenere una licenza, dal momento che c'era bisogno della mia presenza a casa. In tutto il periodo di leva non avevo mai usufruito di un permesso, perché abitavo su un'isola lontana e i permessi si ottenevano al massimo per due o tre giorni. Andai allora dal Capitano, gli feci leggere la lettera di mio padre e lui subito mi accordò la licenza ordinaria: dieci giorni più due, per un totale di dodici. Mi regalò anche una borsa da viaggio, raccomandandomi di essere puntuale al rientro.

Partii la sera stessa, così l'indomani sarei arrivato a Napoli. Alla stazione presi un taxi e mi feci portare a Mergellina: è da lì, infatti, che ci si può imbarcare sugli aliscafi diretti a Capri o ad Ischia. Giunsi a Capri prima di mezzogiorno e presi la funicolare, che mi portò direttamente alla piazzetta: vedendola, mi commossi un po'; mi batteva il cuore, anche perché da più di un anno ero lontano da quei luoghi meravigliosi. Gli amici che incontrai mi fecero tanti complimenti e del resto io ero molto elegante perché indossavo la divisa con il cordone sulla spalla sinistra, che rappresentava il Corpo delle trasmissioni. Mi avviai per la strada che portava a casa mia, percorsi i suoi tanti gradini in fretta e, quando arrivai in cima, ammirai il lato sud dell'isola, avvertendo immediatamente un gran caldo, insieme all'aria fresca che sa di mare.

Da lì riuscii a scorgere il porto e l'aliscafo, sul quale avevo appena attraversato il Golfo di Napoli: ero tornato davvero nella mia Capri, e fu in quell'occasione che provai una contentezza enorme, intensa, insomma una sensazione particolare, mai avvertita quando vivevo nell'isola e non sembravo in grado di apprezzare quotidianamente la straordinaria bellezza del luogo in cui ero nato. Percorsi rapidamente le scale della mia abitazione, dove intravidi il cane che abbaiava venendomi incontro – e gli animali, del resto, sono molto più sensibili delle persone – quindi potei riabbracciare mio padre, mia madre e i miei fratelli; dopodiché ci sedemmo a tavola per pranzare. Mi tolsi la giacca, andai in bagno per rinfrescarmi e finalmente pranzammo tutti assieme.

A tavola nessuno mi fece domande, perché volevano che io mi rilassassi, non pensando ai problemi. Dopo tanto tempo che avevo trascorso lontano da casa mia, ebbi come l'impressione di non conoscerla più, anche perché in un anno mio padre era riuscito a terminare la parte dell'edificio in muratura ed esso mi appariva diverso rispetto a come lo avevo lasciato. Dopo pranzo parlammo del mio periodo di leva, ma i miei familiari sapevano già che me la passavo bene perché gli avevo scritto spesso, informandoli dei miei trasferimenti, delle mie gioie, nonché di Graziella, la ragazza che avevo conosciuto a Chiavari e di cui mi ero innamorato. Mio padre mi chiese se il servizio militare mi piacesse davvero così tanto come io lo avevo descritto nelle mie lettere.

«Sì papà, sto vivendo un'esperienza importante, che non pensavo di poter fare» risposi con convinzione; poi, incuriosito, volli sapere il motivo del mio ritorno a Capri, che proprio mio padre aveva sollecitato. Appoggiata al muro di casa c'era una scala in legno costruita da papà, che a quel punto mi fece salire sul tetto, dicendomi:

«Vedi, Umberto, ci sono i lavori di ristrutturazione della casa da portare a termine e, se tu ci darai una mano, li finiremo prima. Per rivestire il tetto ho disposto i tavelloni, poi assieme ai tuoi fratelli abbiamo fatto l'armatura in ferro, con il tondino, per rendere il tetto più solido, e ora bisogna realizzare la gettata di dieci centimetri di cemento e brecciolina. Penso che non può dispiacerti se ti ho fatto tornare, affinché tu possa aiutarci: questa, d'altronde, è anche casa tua ed è giusto che tu contribuisca a questo lavoro».

Alle parole di mio padre replicai immediatamente: «Sì, papà, sono felice di essere qui con voi, ho dieci giorni di licenza e sono contento di lavorare: quando iniziamo?».

«Fra un paio di giorni» disse allora papà, «e con noi ci sarà anche tuo cugino Vincenzo, che mi ha sempre aiutato quando c'erano dei lavori da finire nell'arco di una giornata, ma questo è un lavoro molto impegnativo e una mano in più ci serve».

«Papà, dal momento che indosso la divisa e ne vado fiero, questo pomeriggio vorrei andare in piazza a salutare mio cugino e anche il sarto Antonio, che devo sempre ringraziare perché in meno di due anni mi ha insegnato il mestiere, infondendomi tanta fiducia e sicurezza. Se fosse stato per Coppola, quell'egoista, non avrei certo imparato a fare il sarto. Inoltre voglio visitare un po' Capri per vedere se durante la mia assenza è cambiato qualcosa da queste parti».

Mio padre rispose in maniera affermativa e, quando mi recai in piazzetta indossando la divisa, tutti mi guardavano. Andai da mio cugino Vincenzo, che fu molto contento di vedermi. Quando lui era in marina, del resto, sapevo che era orgoglioso d'indossare quella divisa, e adesso capivo perfettamente la ragione di ciò. Ora, infatti, ero io ad essere orgoglioso mentre mostravo a tutti la mia divisa, che mi stava regalando tante soddisfazioni. Assieme a Vincenzo mi recai al bar che lui frequentava, e passammo per la piazza principale di Capri, sempre gremita di forestieri, al punto che facevamo fatica anche solo a camminare, a causa dei moltissimi turisti seduti sulle scale della chiesa, la quale sembrava essere diventata la curva di uno stadio durante una partita di calcio. Con Vincenzo, pertanto, arrivammo al bar e qui ci sedemmo all'unico tavolino che era rimasto libero; dopodiché mio cugino chiamò il cameriere, che mi domandò cosa preferivo.

«Un caffè e una sfogliatella» risposi.

Rimanemmo seduti quasi un'ora a parlare, anche se Vincenzo sapeva tutto del mio periodo di leva, perché quando gli scrivevo – in alfabeto Morse – lo informavo a proposito dei miei trasferimenti. Ci dirigemmo così verso il Quisisana e durante quella passeggiata dissi a Vincenzo che volevo andare a trovare il sarto presso cui lavoravo prima di essere richiamato per il servizio militare, e mio cugino accettò di accompagnarmi. Egli, inoltre, mi disse che stavo molto bene in divisa e ci facemmo due foto insieme. Poi ci recammo da Antonio , che fu contento di vedermi e mi chiese quanto tempo ancora sarei stato di leva. Gli spiegai che il mio congedo era fra sei mesi; al che ci salutammo con un abbraccio, perché per quell'uomo io ero come un figlio.

Con Vincenzo, allora, dopo l'incontro con Antonio decidemmo di spostarci ai Giardini di Augusto; tutto era fiorito in quella stagione e c'era tanta gente, un'autentica fiumana di turisti e di stranieri. Immaginate: era agosto e Capri in questo mese è praticamente una bomboniera. Io e mio cugino trascorremmo l'intero pomeriggio insieme e Vincenzo mi disse che ai lavori di ristrutturazione che si stavano svolgendo a casa mia avrebbe partecipato anche lui, in particolare per quanto riguardava il salone. Ci sarebbero voluti un paio di giorni in tutto, poi terminato quel lavoro Vincenzo mi promise che mi avrebbe invitato a pranzo e saremmo anche andati a Marina Piccola a fare il bagno. Lì c'è uno scoglio, alto, dal quale da ragazzi ci tuffavamo in meno d'un metro d'acqua. Bei ricordi, davvero, perché da giovani io e mio cugino eravamo inseparabili e per scherzare ci sfidavamo; oggi posso dire che eravamo molto incoscienti a tuffarci da quell'altezza, mentre di sera andavamo spesso nei *night club* a ballare.

Il giorno seguente iniziammo i lavori di copertura del salone. Si lavorava sodo ed io che non ero abituato avevo sempre mal di schiena. I lavori si protrassero per tre giorni e, alla fine, mio padre mi disse che ero stato bravo, in particolare per l'impegno profuso. Egli inoltre mi ringraziò per aver accettato la sua richiesta e di essere tornato prontamente a Capri non appena lui me lo aveva chiesto.

«No, papà» gli risposi allora io, «la licenza ordinaria mi spettava di diritto e l'occasione si è presentata al momento giusto. Mi manca ancora qualche giorno prima di rientrare in caserma e, se non c'è altro da fare, io e Vincenzo vorremmo passare mezza giornata a Marina Piccola a fare il bagno e a prendere il sole».

In quei giorni, pertanto, dopo essere stato a casa a fare compagnia a mia madre, nel pomeriggio andavo al mare con Vincenzo. Lui lavorava, faceva il muratore – era capomastro – aveva una piccola ditta nella quale erano impiegate dieci persone, ma per stare insieme a me in quel periodo mi dedicava mezza giornata: al mattino stava in ditta e controllava che i suoi operai facessero il loro dovere, mentre di pomeriggio veniva al mare con me. Parlai molto con lui nel corso di quelle giornate, specie di come me la passavo. Lo ringraziai per avermi suggerito, a suo tempo, di entrare nel Corpo delle trasmissioni; gli raccontai del modo in cui avevo superato gli esami per poterne far parte, superandoli a pieni voti, quindi gli dissi del mio trasferimento a Chiavari e dell'incontro con quella che era diventata la mia ragazza. Raccontai infatti a Vincenzo del primo incontro fra me e Graziella, in sartoria, nonché del giorno in cui eravamo usciti insieme per la prima volta; e non tralasciai neppure l'infanzia difficile di Graziella, che infatti era stata felicissima di avermi conosciuto.

«Caro cugino, ti ho detto tutto di me. Domani partirò per Padova, quindi ci rivedremo fra sei mesi, al momento del mio congedo».

A quel punto, dopo aver salutato Vincenzo, feci la stessa cosa con i miei genitori, presi la borsa da viaggio con la biancheria nuova che aveva comprato mia madre e andai al porto, dove mi imbarcai sull'aliscafo per Napoli. Mio padre, intanto, poteva vedermi da casa perché aveva un cannocchiale così potente che riusciva a scorgere, da Capri, le automobili che circolavano a Napoli. Pertanto, quando mi vide camminare sul molo, per farsi notare da me, papà mi salutò agitando dalla finestra di casa un panno bianco; e, del resto, me l'aveva anticipato che avrebbe fatto così. Poco prima che andassi via, infatti, papà mi aveva dato del denaro e poi aveva detto: «Quando sarai al porto, guarda verso casa tua: vedrai un panno bianco agitarsi; quello sarà il saluto di buon viaggio di tuo padre».

L'aliscafo uscì dal porto, ma sono convinto che mio padre continuò a seguirmi con lo sguardo, grazie al suo cannocchiale, per un bel po'. Arrivai dunque a Napoli e del resto avevo ancora un giorno di tempo prima di prendere il treno per Padova. Così pensai di andare a trovare i miei cugini e mio zio il fratello di papà, che viveva a Napoli nel rione

Sanità. Dissi al tassista di condurmi proprio in questo quartiere di Napoli e, dal momento che non ricordavo il numero civico dell'abitazione di mio zio, rassicurai il conducente dicendogli che lo avrei avvertito io del punto esatto in cui si sarebbe dovuto fermare con la macchina. Quando arrivammo, pagai, scesi dal taxi, quindi suonai al citofono. Fu proprio zio Vincenzo a rispondere ed io con gioia gli dissi: «Zio, sono Umberto, mi apri il portone?».

Furono tutti felici di rivedermi ma rimasero stupiti, perché ero in divisa; le mie cugine mi saltarono al collo e una di loro, Titina, era molto bella. Io le facevo il filo, ma lei mi ricordava sempre: «Umberto, abbiamo lo stesso cognome, siamo entrambi dei Cinquegrana, non potremo mai fidanzarci». Quel giorno, tuttavia, tanta fu la gioia delle mie cugine nel vedermi che mi dissero: «Adesso vieni con noi, ti dobbiamo fare un regalo». Feci presente che avevo un solo giorno per trattenermi a Napoli, ma loro mi dissero di non preoccuparmi. Anche lo zio mi rassicurò: «Vai, non pensarci».

Le cugine avevano quasi la mia stessa età e Titina, quella che mi piaceva, era più piccola di me d'un anno; anche zio Vincenzo era a conoscenza di questa nostra reciproca simpatia. Con la macchina mi accompagnarono in un negozio che noleggiava abiti da sera, ne provai più di uno e appena ebbi trovato quello che mi calzava a pennello, presi anche tutto l'occorrente per una serata di gala: camicia, papillon, scarpe di pelle lucida, calzini.

Chiesi a mia cugina a cosa potesse mai servire un abito del genere e lei mi disse che la sera successiva ci sarebbe stata una grande festa. A quel punto ricordai, anche a me stesso: «Cara Titina, io domani devo essere a Padova, mi scade la licenza, non posso venire alla festa perché se non prendo il treno, non potrò rientrare in caserma». Le mie cugine però insistevano e alla fine mi convinsero a rimanere, dicendomi: «Non preoccuparti... Cosa può succederti anche se rientri in caserma con due giorni di ritardo?». Pensai allora che il Capitano, a Padova, mi aveva sempre voluto bene, senza contare che per lui e per la moglie avevo fatto ottimi lavori come sarto e quindi, forse, quell'uomo avrebbe perdonato questa mia scappatella.

Insieme alle mie cugine, pertanto, andai a una festa molto elegante, durante la quale fui presentato ai loro amici; a quella festa, peraltro, c'erano anche diversi parenti, che però io non conoscevo. Poiché Titina sapeva di piacermi, quella sera facemmo coppia fissa e lei non voleva che io ballassi con altre ragazze. Quella festa, pertanto, mi rimase nel cuore e anche oggi continuo a pensare che se non avessi accettato quell'invito sarei stato uno stupido. Abbracciai infatti mia cugina per tutta la sera e del resto, fino a quel momento, non ci avrei mai sperato. Quando la festa terminò tornammo tutti a casa e Titina disse a zio Vincenzo che io ero stato un cavaliere impeccabile.

5

Il giorno seguente le cugine mi accompagnarono alla stazione perché io dovevo prendere il treno per Padova. Mi diedero il loro indirizzo e anche il numero di telefono, poi ci salutammo baciandoci sulle guance, quindi salii sul treno che stava per partire. Pensavo ancora alla festa che si era da poco conclusa e al modo in cui avevo stretto mia cugina tra le braccia per tutta la sera: mancava solo un bacio per coronare quella bella serata. Il bacio tuttavia non ci fu perché lei non volle e anzi mi ricordò che eravamo cugini di primo grado.

Trascorsi molte ore sul treno prima di arrivare a Padova, perlopiù pensando a cosa avrebbe detto il Capitano al mio ritorno. Quando il treno si fermò alla stazione di Padova, vidi due militari che erano di pattuglia; gli chiesi come raggiungere la caserma Spaccamela, e loro furono molto gentili, accompagnandomi con la jeep. Appena ebbi varcato il cancello della caserma, due soldati che erano di guardia mi accompagnarono subito al Comando, dove c'erano il Maresciallo e il Capitano. Mi dissero senza mezzi termini che l'avevo fatta grossa e la mia assenza ingiustificata doveva essere considerata diserzione: mi spedirono pertanto in camerata, mi imposero di togliere la divisa fuori ordinanza e di presentarmi al Comando.

Feci tutto ciò con il batticuore, perché non sapevo cosa potesse attendermi, quindi tornai immediatamente al Comando, dove c'era solo il Capitano. Egli mi disse: «Cinquegrana, ti voglio bene ma hai commesso un atto molto grave per un militare, la diserzione. Le regole, sotto le armi, devono essere uguali per tutti e, sebbene a malincuore, devo infliggerti dieci giorni di Camera di Punizione di Rigore. Questa sera, dopo cena, ti porteranno in cella di sicurezza».

«Signorsì Capitano, avrei delle attenuanti ma non ci sono spiegazioni» replicai.

Ebbe così inizio quello che a me sembrava davvero un lungo calvario e, fortunatamente, in cella trovai un commilitone con cui scambiare qualche parola. Facemmo subito conoscenza e lui mi chiese cosa avessi fatto per meritarmi quella punizione; allora gli spiegai che dopo la licenza ordinaria ero rientrato con due giorni di ritardo, quindi il Capitano mi aveva inflitto dieci giorni di prigionia.

«E tu come mai sei dentro?», volli infine domandargli.

«Per una rissa» egli mi rispose, «ed è già una settimana che sono qui, però io non so quando mi faranno uscire. Sono contento che sei arrivato, almeno ci faremo un po' di compagnia. Adesso ti dico una cosa: se di notte senti dei rumori, sappi che qui girano molti topi; io metto del pane nell'angolo e poi, quando li sento strisciare, tiro gli scarponi, insomma faccio il tiro a segno. Adesso che siamo in due, è più facile che ne becchiamo qualcuno».

Così, infatti, provammo a fare, ma la verità era che si dormiva poco aspettando l'arrivo dei topi anche se io, di solito, in condizioni normali mi addormento facilmente, non appena chiudo gli occhi. Al mattino ci svegliavamo entrambi nell'attimo in cui ci portavano la colazione, cui seguiva il pranzo e poi la cena, ma sempre senza uscire dalla cella. Era dura trascorrere quelle notti: dormivamo su un vero e proprio tavolaccio e dopo un po', non a caso, cominciò a farmi male la schiena.

I giorni, lì dentro, non passavano mai, nondimeno io mi confortavo al pensiero che, tutto sommato, avevo meritato questa punizione, che era il prezzo da pagare per aver stretto mia cugina tra le braccia. Continuavo a credere, insomma, che ne era valsa la pena e, pur non essendoci una riprova, in una situazione analoga avrei ripetuto lo stesso errore. Sperando di ritrovare quanto prima la libertà, mentre ero in cella di rigore segnavo sul muro i giorni che avrei dovuto trascorrere dietro le sbarre. Una mattina, finalmente, dopo la colazione mi fecero uscire. Mi recai subito al lavatoio, dove c'erano le docce e passai almeno mezz'ora sotto l'acqua. Poi presi dall'armadietto la biancheria pulita, indossai nuovamente la divisa e andai subito dal Maresciallo, perché era lui che assegnava i turni di lavoro.

Quell'uomo, vedendomi arrivare, mi accolse con una carezza, come se fossi un figlio per lui, e con gentilezza mi chiese: «Cinquegrana, mi puoi spiegare perché sei rientrato con due giorni di ritardo?».

«Signor Maresciallo» risposi, «non ho mai usufruito di alcun permesso in tredici mesi di leva. Mio padre mi ha chiesto di tornare a casa perché aveva bisogno di me e penso che, dopo tredici mesi, meritassi di tornare a casa». Dopodiché gli raccontai di come avevo trascorso quei giorni di licenza, compreso il motivo del mio ritardo: dissi infatti al Maresciallo che mi ero fermato a far visita a mio zio e alle mie cugine e proprio loro mi avevano convinto a rimanere un giorno in più a Napoli. Raccontai dunque della festa, dell'enorme buffet, dell'eleganza di quell'ambiente e anche della mia splendida cugina; per concludere infine con queste parole: «Signor Maresciallo, le ho spiegato le ragioni del mio ritardo. Ormai ho scontato la pena e vorrei riprendere servizio».

«Ricomincerai domani» confermò – con mia grande gioia – il Maresciallo, che inoltre aggiunse: «Vedo che sei molto stanco, hai dormito sul tavolaccio per dieci giorni. Vai in camerata e riposati qualche ora, poi vieni a pranzo e nel pomeriggio fai ciò che vuoi».

Lo ringraziai e dissi che, appena possibile, sarei andato qualche ora in sartoria. La giornata trascorse rapida e dopo cena mi ficcai subito sotto le coperte, quindi aspettai l'appello e mi addormentai. Il giorno seguente appena udii il suono della sveglia mi alzai e corsi all'adunata, nonostante fossi ancora molto stanco, nonché provato dalla recente esperienza in cella di rigore. Feci il primo collegamento alle ore 6, anche se in realtà per tutta la giornata fui mezzo addormentato. Dopo pranzo mi recai in sartoria, e il caposarto fu sorpreso di rivedermi dopo quasi un mese. Raccontai anche a lui quello che mi era accaduto ed egli mi diede una divisa da aggiustare; a un certo punto, per la stanchezza – lo ricordo bene – in quell'occasione mi addormentai sulla sedia, vicino alla macchina da cucire. Fu il caposarto a svegliarmi, perché doveva chiudere la sartoria e ormai era ora di cena.

Il giorno successivo avevo la giornata libera, quindi chiesi al Maresciallo se potevo star fuori tutto il giorno, senza tornare né per il pranzo né per la cena, e lui acconsentì. Ricordo che camminai tanto e a mezzogiorno mi fermai in una pizzeria; quindi ripresi a camminare fino a quando non trovai una panchina, su cui mi sedetti, leggendo tutta la Gazzetta dello Sport che avevo acquistato qualche ora prima. Rientrai prima del previsto e cenai in caserma, poi mi recai in un salone adibito allo svago, nel quale c'erano diversi giochi come il biliardo e il calcio balilla. Qualche ora dopo tornai verso la mia branda, nell'attesa dell'appello che, puntuale, arrivava prima di coricarsi.

Quella sera decisi di scrivere una lettera a Graziella per spiegarle quel che mi era accaduto negli ultimi tempi; scrissi inoltre ai miei genitori, per ringraziarli di avermi fatto partecipare ai lavori di ristrutturazione della nostra casa, in particolare mio padre, che mi aveva lasciato del denaro perché sapeva che la paga militare era scarsa. Infine scrissi a mia cugina Titina: le spiegai che quella bravata mi era costata dieci giorni di cella di rigore e le chiesi di dirmi cosa aveva provato quella sera, stretta fra le mie braccia. Qualche giorno dopo mi convocò il Capitano; mi recai allora nel suo ufficio, dove egli mi comunicò qualcosa che per me fu inaspettato, soprattutto perché pensavo a ciò che avevo combinato di recente e al modo in cui ero stato punito. Il Capitano, infatti, mi chiese se avevo voglia di trasferirmi a Trieste, perché il marconista di quella caserma stava rientrando a Padova.

«Sì, signor Capitano, vado volentieri a Trieste» risposi con gioia, pensando al contempo che le mie avventure non sembravano voler finire, «e la ringrazio per la fiducia che lei mi ha sempre dimostrato: questa volta, le assicuro, non la deluderò».

Mi restavano ancora cinque mesi di leva ed ero felice al pensiero che li avrei passati tutti a Trieste, una città meravigliosa, anche perché lì c'era il mare, quindi non sarebbe stato difficile sentirmi ancor più "vicino" a Capri.

6

Il giorno dopo presi la valigia, la borsa da viaggio e il mio fucile, quindi fui accompagnato alla stazione. Ero raggiante per il trasferimento a Trieste e per questa nuova esperienza che si prospettava. Attesi mezz'ora prima della partenza del treno e del resto non vedevo l'ora di arrivare a Trieste. Giunto in questa città, trovai due militari ad aspettarmi alla stazione.

«Lei è il signor Cinquegrana? Ci faccia vedere il foglio di trasferimento» mi dissero; dopodiché mi condussero in caserma. Una volta che la ebbi raggiunta, notai immediatamente che non era paragonabile alle altre caserme in cui ero stato fino a quel momento, perché quell'edificio in realtà somigliava più a una villa, incastonata fra tanti alberi. Ero stupefatto, e in egual misura raggiante, perché non avrei mai creduto di trovare un posto così bello a un solo chilometro dal mare.

Fui subito accompagnato al Comando, dove mi ricevette un Tenente Maggiore che coordinava il gruppo trasmissioni. Mi disse che sapeva già tutto sul mio conto e che il Capitano di Padova gli aveva inviato un rapporto dettagliato, contenente anche i miei voti agli esami di ammissione per la qualifica di marconista. Con mia grande sorpresa, però, il Tenente mi disse: «Cinquegrana, qui non farai il marconista perché ci serve un telescriventista. So che sei molto intelligente: accanto, inizialmente, avrai un collega, che ti aiuterà, e vedrai che in meno di una settimana farai tutto da solo».

«Va bene Tenente, non la deluderò. Sono venuto a Trieste per terminare la mia ferma. Grazie, signore» risposi.

Quello stesso giorno cominciai a prendere lezioni da un mio collega, con il quale diventammo subito amici. Lui quel giorno non era di servizio ma, dietro le mie insistenti richieste, iniziò a farmi lavorare e soprattutto a spiegarmi concretamente quel che avrei dovuto fare. Non era paragonabile all'alfabeto Morse che utilizzavo come marconista, anche perché il funzionamento della telescrivente era completamente diverso, quindi cercai d'imparare quanto prima, ovviamente con l'aiuto del mio collega. Per non deludere il Tenente, dopo una settimana fui in grado di operare da solo alla telescrivente. Il Tenente, comunque, appena poteva mi sorvegliava e un giorno mi fece i complimenti per il modo in cui mi applicavo.

Anche in tal caso c'erano dei turni, che dovevamo rispettare e, quando ero libero, potevo uscire. Io allora ne approfittavo, andando spesso sul lungomare di Trieste, perché lì c'erano sempre persone intente a pescare e a me piaceva passare del tempo insieme a loro. Durante una delle mie passeggiate, un giorno incontrai un signore molto gentile. Mentre pescava mi faceva tante domande e io gli rispondevo garbatamente; non mi dava noia, anzi mi piaceva parlare con lui e mi divertivo molto, specie quando abboccò al suo amo un pesce bello grosso. Mi chiese se lo volessi portare in caserma, al che replicai dicendo che prima dovevo informarmi e domandare se in cucina gradivano questo "regalo"; infine lo salutai, con la promessa d'incontrarci nuovamente.

Quando rientrai, raccontai al Tenente del mio incontro con quel vecchio pescatore; lui mi disse che in caserma c'era anche la cucina e, se volevo, potevo farmi dare l'occorrente dal cuoco e prepararmi da solo qualche pasto. Pensai, a maggior ragione, che quella di Trieste non era una caserma come le altre, anche perché il dormitorio non era affatto uno spazio anonimo e freddo, ma una stanza degna di questo nome, con quattro letti. Quell'edificio, infatti, come ho già scritto somigliava più a una villa, situata in mezzo al bosco, e da quelle parti si poteva andare persino in cerca di funghi.

Il mese di agosto del 1960 era quasi finito e a Trieste già cominciava a far freddo; in caserma, per fortuna, c'era il riscaldamento e lì mi raccontarono che quando soffiava la bora, un vento molto forte e gelido, non si poteva neanche uscire. Mi dissero infatti che in città, a causa della violenza con cui infuriava la bora, capitava che venissero fissate per le strade alcune corde, utilizzate in pratica come corrimano e a cui ci si poteva aggrappare se non si voleva cadere a terra.

Non avevo mai provato l'urto di quel vento, ma poiché avanzava la stagione invernale, non avrei tardato ad avvertirlo, prima o poi, sulla mia pelle.

Arrivò il 5 settembre, il giorno del mio compleanno. Il Tenente in quell'occasione mi fece una sorpresa e organizzò in refettorio un piccolo buffet, per festeggiarmi. Fui molto contento di quel regalo, anche perché non mi aspettavo davvero un pensiero simile da parte sua. A quella festicciola improvvista parteciparono anche militari di altri Corpi, non solo delle trasmissioni, ed io lo ricordo ancora come un bel momento. A fine serata ringraziai il Tenente e tutti coloro che avevano partecipato alla festa, poi ognuno si ritirò nei propri alloggi. In quella caserma, infatti, non vigeva l'appello serale, per controllare se mancasse qualche militare: era in vigore solo la veglia per chi era di turno per fare il servizio preposto. Mi piaceva molto Trieste, però non mi trovavo lì nella stagione giusta: d'estate infatti sarebbe stato sicuramente più bello, e non a caso iniziai a pensare a cosa potevo fare per rendere quel periodo meno noioso.

A Trieste avevo portato con me un abito da sera e un giorno, quando ero in libera uscita, mi fermai in una lavanderia, chiedendo se potevo lasciarlo lì per pulirlo; la proprietaria mi disse di sì, quindi le domandai se, con il suo permesso, mi sarei potuto eventualmente cambiare d'abito. La signora fu molto disponibile, dunque le spiegai quel che avevo in mente: oltre alla pulitura del vestito, infatti, cercavo qualcuno che potesse trattenere quell'abito, consentendomi di indossarlo durante il mio giorno libero. La signora acconsentì, facendo così in modo che io potessi cambiarmi d'abito in occasione delle mie libere uscite, e ciò avvenne anche nella sua casa, che distava pochi metri dal negozio; inoltre quella brava donna fu così gentile da stirarmi pantaloni e camicia, che d'altronde si erano rovinati perché li avevo nascosti nello zaino. Grazie a questo fondamentale supporto, pertanto, iniziai a uscire in borghese e spesso andavo a ballare.

In quel periodo tutto filava liscio e presto giunse la fine di settembre. Il tempo passava molto rapidamente. Una mattina, durante una passeggiata nel parco della caserma, trovai a terra due tortorelle: erano morte, e la bora d'altronde aveva cominciato a farsi sentire, fino al punto di rivelarsi letale per quei due poveri uccelli. Chiesi al Tenente il permesso di raccoglierle e di portarle in cucina, dove le consegnai al cuoco, che le cucinò al forno con le patate; e così ebbi modo di pranzare con il cuoco, con il Tenente e con i colleghi del Corpo trasmissioni. Il cuoco, peraltro, non si limitò a cucinare le tortorelle, ma preparò anche un timballo di maccheroni al gratin e un'insalata, accompagnati da un buon vino, insomma un vero e proprio pranzo a cinque stelle.

A fine pasto dissi al cuoco che alcuni pescatori mi avevano offerto del pesce: mi disse di accettare quei doni e che avrebbe pensato lui al modo in cui cucinarli. Ero molto contento del clima che si era instaurato in quella caserma, sia con i miei colleghi che con i superiori. A causa della bora rimanemmo chiusi in caserma quasi dieci giorni; poi, quando il vento si calmò, uscii a fare una passeggiata. I pescatori, grazie alle giornate ventose, trovavano sempre molti pesci che rimanevano impigliati fra le reti e loro, sempre, me ne offrivano qualcuno, che io portavo subito al cuoco della caserma. Intanto contavo i giorni che mi separavano dal congedo, e così scrivevo a Graziella; le raccontavo del trasferimento a Trieste, del fatto che mi trovavo bene e che pensavo sempre al giorno del congedo, perché ormai mancavano solo due mesi:

Siamo alla fine di ottobre, il tempo non è bello e fa molto freddo. Tu come stai? Pensi a me? Ciao amore, ci vedremo molto presto.

La sera continuavo a uscire, anche perché a Trieste avevo conosciuto due ragazze, che mi invitarono a cena a casa loro: una cena a base di ostriche e champagne. Ballammo fino a sfinirci e fu una serata davvero divertente, molto intima, senza contare che quelle ragazze erano bellissime, e ricordo ancora che ballavamo *Il cielo in una stanza*, un brano cantato originariamente da Mina. Io, peraltro, potevo sempre fare affidamento sulla casa della proprietaria della lavanderia, che mi aspettava con pazienza e veniva ricompensata da me con piccole somme di denaro per il favore che mi faceva. Poi rientravo in caserma, passando da un varco che avevo trovato nel giardino e che portava direttamente in strada. Le guardie c'erano ma per fortuna riuscivo sempre ad evitarle.

Il mio comportamento in caserma, d'altronde, era formalmente irreprensibile ed io ero riuscito a creare un'atmosfera di amicizia e di complicità con i miei superiori, e lo stesso accadeva con i commilitoni: se infatti uno di loro voleva uscire, la sera, io lo aiutavo, e loro si comportavano alla stessa maniera con me. Insomma, i giorni passavano a Trieste, ma ormai non li contavo più perché avevo trovato il modo per rendere questo ultimo scorcio del servizio militare nient'affatto noioso.

7

Era il mese di dicembre del 1960 e, a Trieste, uscivo sempre più spesso con le ragazze che avevo conosciuto e delle quali ero stato ospite; loro mi avevano presentato alcuni amici con cui erano solite accompagnarsi. Erano tutti ragazzi della mia età, di buona famiglia, e quando gli dissi che ero di Capri, uno di loro mi raccontò che era stato in vacanza nell'isola, alloggiando all'hotel La Palma, un ottimo albergo. Quel ragazzo mi disse inoltre che era andato in barca ai faraglioni, che aveva visitato la Grotta Bianca e, quando aveva fatto il giro dell'isola, si era anche fermato alla Grotta Azzurra. Mi confermò che Capri era meravigliosa e, nel complesso, sembrava quasi che lui la conoscesse meglio di me, tanto che divenne mio amico.

A capodanno questi ragazzi mi invitarono a una festa; io portai una bottiglia di Dom Pérignon, anche se ero ignaro che in quella festa già scorrevano fiumi e fiumi di champagne: la mia bottiglia fu aperta allo scoccare della mezzanotte e noi continuammo a ballare fino a notte fonda. A fine serata gli amici mi accompagnarono dalla proprietaria della lavanderia, dove mi cambiai e indossai nuovamente la divisa: furono sorpresi di vedermi vestito da militare e mi fecero tanti complimenti. Infine mi accompagnarono in caserma, lasciandomi però a qualche metro di distanza, in modo da non farmi scoprire dalle guardie. Ci salutammo e, scherzando, quei ragazzi mi dissero che sarei potuto andare a ballare anche in divisa; il mio abito borghese, tuttavia, era un doppio petto blu, davvero molto bello ed elegante. Dopo aver salutato i miei amici, entrai di soppiatto in caserma e senza neanche accendere la luce mi misi a letto.

Per fortuna il giorno seguente non ero in servizio ma mi alzai lo stesso, recandomi in bagno per fare la barba e una bella doccia, quindi andai a colazione. Passeggiai nel parco, nella speranza di trovare dei funghi, poi mi fermai in cucina e parlai con il cuoco. Gli chiesi cosa avesse cucinato per pranzo e lui mi disse che aveva preparato una pasta al forno e fettine di pollo con insalata. Nel corso della mattinata ebbi anche l'opportunità di passare in sartoria: il caposarto mi chiese se durante il pomeriggio potevo dargli una mano, perché aveva una divisa da sistemare; bisognava stringere i fianchi e cucire i gradi. Accettai con piacere e dopo pranzo andai al lavoro. Ci misi quasi tre ore per realizzare quelle modifiche e il caposarto alla fine fu molto soddisfatto.

Dopo cena mi vestii e uscii con i miei amici: passeggiammo sul lungomare, era una serata meravigliosa e per fortuna non c'era vento, quindi il mare era piatto e calmo. Quando rientrai in caserma il Maresciallo mi consegnò una lettera: era di Graziella, la mia fidanzata. Mi comunicava che non si trovava più a Chiavari: i suoi genitori avevano chiesto alla madre superiora se poteva rientrare in famiglia, dal momento che erano più di otto anni che non vedevano la figlia. Graziella allora aveva deciso di non aspettare che io finissi il servizio militare, quindi era tornata dai suoi genitori. Nella lettera, inoltre, mi scriveva quanto le mancassi e quanta voglia avesse di vedere la mia isola. Dopo aver letto quella lunga missiva mi addormentai con i fogli di carta tra le mani.

Il mattino seguente feci colazione e, dopo il primo collegamento della giornata, il Maresciallo mi disse che dovevo recarmi al Comando per una comunicazione importante. Pensai che il Capitano mi avrebbe fatto sapere che il mio rientro a Padova era imminente e così fu, infatti. Lo ringraziai e lo abbracciai e lui mi disse che era soddisfatto di me e del modo in cui mi ero comportato.

Dopo una notte insonne, il giorno successivo uscii per fare delle compere: andai dalla signora della lavanderia per ritirare il mio abito, passeggiai sul lungomare di Trieste per salutare quel golfo meraviglioso e incontrai anche alcuni amici pescatori a cui comunicai la bella notizia del mio congedo. La mia avventura era finalmente terminata.

Rientrato in caserma preparai la mia borsa da viaggio, quindi passai a ritirare il fucile in armeria; durante il pranzo ebbi modo di salutare tutti i commilitoni e i superiori, e fui anche accompagnato da loro in stazione. Una volta a Padova andai subito in caserma e il Capitano mi comunicò il congedo:

anche lui mi fece molti complimenti e mi augurò buona fortuna per la mia nuova vita da civile. Ora mi aspettava un ultimo viaggio: il treno che mi avrebbe riportato a Napoli.

Viaggiai di notte e arrivai a Napoli al mattino: telefonai a mio cugino Mario, che mi disse che zio Vincenzo mi aspettava in stazione. Lo zio mi disse che le cugine avevano organizzato una festa in mio onore, la domenica successiva, e io non feci altro che pensare a Titina. Cenammo tutti insieme e Titina non mi tolse mai gli occhi di dosso, perché le piaceva vedermi in divisa. La sera uscimmo e fu una serata davvero splendida. Il mattino seguente insieme alle cugine andammo a Capri per fare una sorpresa ai miei genitori. Prima ci fermammo in piazzetta e lì incontrammo Vincenzo, così solo dopo una seconda colazione arrivammo dai miei genitori. Mamma fu felicissima di rivedermi dopo tanto tempo, quindi chiamò mio padre a gran voce: «Gaetano, vieni, c'è una sorpresa!»; e anche papà, ovviamente, fu molto contento.

Dissi a mio padre che sarei partito per Milano per raggiungere la mia fidanzata, ma lui mi suggerì di riposarmi qualche giorno a Capri e di partire successivamente, nonché di trovare il tempo anche per fare una visita al mio maestro sarto, così da poter parlare insieme a lui del mio futuro; e così feci, infatti, accettando il consiglio di papà. Durante il pomeriggio, pertanto, andai a trovare il maestro e gli chiesi se potevo recarmi da lui il giorno successivo; mi garantì che non c'era alcun problema e che potevo passare quando volevo.

Dopodiché trascorsi il resto del pomeriggio a passeggiare per Capri insieme alle mie cugine.

Le strade di Capri sono sempre affollate a causa dei tanti turisti, quindi tornammo in piazzetta per scorgere il panorama che si affaccia sul meraviglioso porto. Soddisfatti della lunga e bella passeggiata, ci recammo a casa mia per la cena. Le cugine andarono sul balcone per ammirare il tramonto e tutta la bellezza del paesaggio che si stagliava dinanzi ai loro occhi. All'imbrunire, infatti, da lì lo scenario era davvero suggestivo, perché si accendevano tutte le luci e il porto illuminava Capri.

La mattina seguente raggiunsi, come previsto, il mio maestro, che aveva già preparato un piano di lavoro per me. Mi spiegò ogni cosa ed io restai senza parole, perché compresi quanto lui si preoccupasse del mio avvenire. Gli dissi però che dovevo prima partire per Milano, dove sarei andato a prendere la mia fidanzata e, una volta rientrato a Capri, avremmo potuto mettere a frutto i suoi progetti, che riguardavano anche me naturalmente. Dopo tre giorni che avevo trascorso nella mia bellissima isola, feci ritorno insieme alle cugine a Napoli e da lì presi il primo treno che mi avrebbe condotto a Milano.

8

Arrivato a Milano telefonai subito a casa di Graziella; a rispondermi fu sua madre, che mi disse di prendere il treno per Lissone, dove avrei trovato, in stazione, il fratello di Graziella e magari anche lei. Durante il viaggio verso Lissone ero tormentato da tanti pensieri: mi chiedevo infatti se la mia fidanzata stesse ancora attendendo con trepidazione il mio ritorno, e del resto era passato molto tempo dal nostro ultimo incontro a Chiavari. Con queste preoccupazioni che mi assalivano, il treno a un certo punto si fermò; ero arrivato a Lissone e con stupore vidi che Graziella era lì, ad aspettarmi.

Mi presentò suo fratello, che fu felice di fare la mia conoscenza. Salimmo in macchina e in soli dieci minuti arrivammo nella loro casa. Abitavano in un piccolo borgo periferico, in una palazzina al quarto piano senza ascensore, un appartamento che era stato assegnato alla famiglia di Graziella dopo l'alluvione. Salimmo le scale e ad aspettarci sull'uscio c'era la madre di Graziella. Mi salutò e mi invitò ad entrare; poi mi disse che il marito era fuori per lavoro e sarebbe tornato all'ora di pranzo, infine mi chiese quanto tempo sarei rimasto lì con loro. Risposi che la decisione spettava a Graziella, quindi conclusi con queste parole: «Se sua figlia si ricorda quello che avevamo progettato, penso che non ci saranno molti problemi».

Arrivò l'ora di pranzo e, con essa, il padre di Graziella, che mi sembrò immediatamente una persona gentile: certo, non conoscevo quell'uomo, ma la prima impressione fu positiva e mi parve subito una bella persona. Mi disse che amava moltissimo tutta la sua famiglia, però alcuni eventi negativi avevano cambiato la loro vita. Mi raccontò di quando faceva il pescatore e di come vivesse con il poco guadagno che riusciva a racimolare: «Ora sono muratore» proseguì, «ed ho uno stipendio dignitoso per vivere; i miei figli, tuttavia, continuano ad aiutarmi e lavorano anche loro». Dopodiché mi fece una domanda a bruciapelo: «Che intenzioni hai con mia figlia?».

Io feci un respiro profondo e risposi con onestà: «Papà e mamma, voi sarete la mia seconda famiglia, se vorrete accettarmi. Credo che Graziella vi abbia già parlato di me, dei miei progetti e di quelli che ho fatto insieme a lei. Sono un sarto e le mie intenzioni con vostra figlia sono molto serie. Graziella deve preparare la sua valigia, insieme partiremo per Capri ed io mi prenderò cura della vostra figlioletta. A Capri ci sono mia madre e mio padre che ci aspettano. Andrò a lavorare dal mio maestro che ha una bella sartoria e metterò da parte ogni genere di guadagno; e, se tutto funziona e se Graziella sarà d'accordo, ci sposeremo alla fine dell'anno». Feci una pausa, guardai negli occhi i genitori di Graziella, quindi proseguii: «Vi dico queste cose perché voglio farvi capire che sono una persona seria, sono innamorato di vostra figlia e sono convinto che saremo felici. Sta iniziando la stagione migliore a Capri, un'isola meravigliosa che è sempre gremita di turisti e di stranieri, quindi ci sarà molto lavoro. Per queste ragioni io riuscirò senz'altro a realizzare il progetto di vita che ho programmato con Graziella. Vedremo, poi, se sarà il caso di rimanere a Capri o magari trasferirsi a Milano per aprire una bella sartoria da queste parti».

Dopo questa conversazione i genitori di Graziella mi accompagnarono nella camera che avevano sistemato per me: una stanza esigua, nella quale solitamente dormivano due figli che però, al momento, erano via. Si trattava di un piccolo ambiente, ma confortevole e che era stato preparato per me in ogni minimo dettaglio.

«Tu dormirai qui, mia figlia invece starà con noi» disse la madre.

A malincuore, pertanto, mi coricai da solo ma non riuscii a prendere sonno e al mattino Graziella venne a svegliarmi: facevo finta di dormire e lei mi disse di andare in bagno per fare una doccia, poi di vestirmi, fare colazione e uscire. Compresi che voleva riferirmi molte cose che il giorno precedente aveva taciuto. Facemmo allora una passeggiata e conversammo a lungo; anzi fu soprattutto lei a parlare:

«Umberto, i miei genitori, ieri sera, quando sei andato a dormire, hanno parlato molto bene di te e sono certi che tu manterrai tutte le promesse. Ti considerano un bravo ragazzo e hanno piena fiducia nelle tue capacità: sia per i tuoi modi gentili, sia per l'educazione che evidentemente ti è stata impartita in famiglia. Sono rimasti piacevolmente sorpresi quando li hai chiamati "mamma" e "papà", in particolare quando gli hai detto che potrebbero diventare la tua seconda famiglia».

Quelle parole mi rincuorarono, pertanto dissi: «Graziella, anch'io sono contento della maniera in cui i tuoi genitori mi hanno accolto. Tuo padre è una persona meravigliosa e si vede benissimo che ama la sua famiglia. So che per voi non è stata una vita facile: la preoccupazione per i tanti figli da crescere, il lavoro precario di tuo padre, la catastrofe dell'alluvione, infine la dolorosa necessità di frammentare e separare la vostra famiglia». Dopo aver confermato a Graziella l'ottima impressione che avevo ricevuto dialogando con suo padre e con sua madre, volli cambiare argomento: «Adesso, però, parliamo di noi: non ho dormito tutta la notte pensando a te, nonostante la deliziosa stanzetta che i tuoi genitori hanno preparato per me. Io voglio partire quanto prima, magari stasera stessa, per non dormire più da solo. Così, inoltre, lasceremo il posto libero ai tuoi fratelli. Sai cosa facciamo? Quando rientriamo comunichiamo questa nostra decisione ai tuoi, intanto fai la valigia, così partiremo questa sera e domani saremo già a Capri. Che ne pensi?».

«Sì, hai ragione, facciamo come dici tu» rispose Graziella.

Tornati a casa, pertanto, parlammo con i suoi genitori, che furono contenti di vederci insieme e ben decisi a vivere la nostra vita autonomamente; il fratello di Graziella, si offrì volentieri per accompagnarci alla stazione di Milano, da cui il primo treno utile sarebbe partito alle ore 20:30. Salutai tutti, ringraziandoli per l'accoglienza e promisi loro che ci saremmo rivisti a Capri il giorno del matrimonio. Dopodiché io e Graziella salimmo sul treno, che partì in perfetto orario.

Arrivati a Napoli prendemmo un taxi per raggiungere Mergellina. Pensai anche di fermarmi a salutare i miei zii e le mie cugine, ma poi preferii rinviare e dissi a me stesso che sarebbe stato meglio prendersi successivamente qualche giorno, con più calma, per andare a trovarli. Telefonai allora a mio padre, per avvisarlo del nostro arrivo imminente e lui, con il suo cannocchiale, ci vide scendere dall'aliscafo, quindi mandò mio fratello Andrea a prenderci, perché la valigia di Graziella era molto pesante. Quando raggiungemmo la piazzetta, a Capri, Andrea ci stava aspettando; prima, però, ci fermammo al solito bar e lì, seduto a un tavolino, c'era mio cugino Vincenzo, che si alzò prontamente per darci il benvenuto, invitandoci inoltre a unirsi a lui.

Vincenzo rimase colpito dalla bellezza di Graziella, che si presentò come mia fidanzata. Mio cugino ci offrì un aperitivo, poi ci accompagnò a casa e fece da Cicerone a Graziella durante il tragitto: le illustrò il panorama che si poteva ammirare, spiegandole dove guardare per vedere bene i faraglioni, il porto, i battelli in transito e la montagna di Anacapri: «Guarda, Graziella, laggiù puoi scorgere in lontananza Ischia e Procida, poi tutta la costa di Napoli». Graziella dinanzi a quelle bellezze esclamò: «Che meraviglia!»; poi si mise sotto braccio a me, per dimostrare quanto fosse felice, quindi mi disse: «Umberto, non avrei mai immaginato tanta bellezza».

Scendemmo le scale per raggiungere casa mia, e sull'uscio c'era già papà ad attenderci: «Antonietta, corri, sono arrivati!» esclamò emozionato mentre chiamava a gran voce mia madre. Presentai Graziella ai miei genitori, che l'accolsero immediatamente con un forte abbraccio: «Ma dove hai trovato questo gioiello?» mi domandò infine papà.

«Come vedi ne è valsa la pena fare ben diciotto mesi di servizio militare» risposi prontamente io, «e, in questo periodo, mi sono sentito quasi un cercatore d'oro, intento a setacciare il fiume per trovare le pepite: alla fine, comunque, ho preso la più bella». Mio padre a quel punto si rivolse a Graziella: «Considerati pure sotto la mia protezione e del resto così si usa da queste parti. Non sei affatto segregata, mia cara Graziella, ma – se così possiamo dire – in libertà vigilata. So che mio figlio è stato educato a modo e penso che tu, per aver atteso Umberto più d'un anno, sei davvero una brava ragazza. Io sono Gaetano Cinquegrana, ho sei figli, tutti maschi, e tu sei la benvenuta, perché ho sempre desiderato una figlia femmina. Adesso, pertanto, ho sette figli: sei maschi e una bella bambina, già cresciuta. Graziella, vedrai che ti troverai bene qui a Capri e Umberto mi ha già parlato dei vostri progetti: ricomincerà presto a lavorare e, per fine anno, organizzeremo il matrimonio». Era l'ora di pranzo, ormai, quindi ci sedemmo a tavola e passammo il pomeriggio seduti in veranda ad ammirare il panorama. Papà fece usare il suo famoso cannocchiale a Graziella, che in quel modo riuscì a osservare ancora meglio Capri, arrivando con lo sguardo a lambire il Golfo di Napoli.

«È meraviglioso» diceva intanto Graziella, che era evidentemente felice, «e tutti voi siete meravigliosi. Non avrei mai immaginato che la mia vita potesse cambiare così tanto e in poco tempo. Papà, dopo mille sofferenze ho trovato finalmente un'altra famiglia. E pensare che dopo otto anni che stavo dalle suore, in convento, se non avessi conosciuto Umberto, a Chiavari, avrei senz'altro preso i voti. Con Umberto è stato veramente un colpo di fulmine e la mia vita è cambiata in maniera radicale grazie a lui. Anche se ho dovuto aspettare un anno, il mio pensiero è stato sempre e solo per Umberto. Adesso che il mio sogno si è avverato, e che mi trovo in questa stupenda isola accanto al mio amore e alla sua famiglia che mi ha accolto a braccia aperte, mi rendo conto che la vita è bella e va vissuta comunque, senza mai perdersi d'animo. È necessario, inoltre, vivere costantemente con la speranza accesa nel cuore, pensando al futuro; e il mio futuro io l'ho trovato: è l'angelo buono che mi ha guidato fino ad oggi. Adesso sono molto felice. Io sono cattolica e tutte le mie preghiere, che non ho mai mancato di fare, ogni sera, in convento, fortunatamente sono servite a qualcosa, infatti la Madonna mi ha portato sulla strada giusta. Ora posso vivere pienamente e imprimere una svolta alla mia esistenza».

Dopo queste bellissime parole di Graziella dissi a papà che, l'indomani, sarei andato dal mio maestro, in sartoria, accompagnato dalla mia fidanzata, così ne avremmo approfittato per fare un giro ai Giardini di Augusto e visitare nuovamente Capri. Del resto ho sempre portato grande rispetto e autentica stima per il mio maestro, il signor Ferrara: senza il suo appoggio, infatti, non avrei mai imparato il mestiere di sarto. Quando sono partito per il servizio militare avevo fatto una promessa al signor Ferrara: un giorno sarei tornato a lavorare con lui e così è stato. Quella mattina, pertanto, assieme a Graziella andai da Ferrara per comunicargli il mio rientro a Capri, quindi la fine dei miei obblighi militari e, soprattutto, che ero disponibile quanto prima a riprendere il lavoro. Appena mi vide, quell'uomo mi abbracciò affettuosamente; io gli presentai Graziella e rimanemmo a parlare per più di un'ora: mi disse che potevo ricominciare a lavorare presso la sua sartoria, anche subito, se lo desideravo. Egli fu sollevato nel sentire che a breve sarei tornato operativo, anche perché era alle porte la stagione turistica e un sarto in più, a negozio, serviva come il pane. Fui onesto con lui e gli spiegai che il lavoro era imprescindibile per me, poiché necessario a realizzare il mio progetto più importante, cioè sposarmi entro la fine dell'anno: «Signor Ferrara» gli dissi infatti, «ho bisogno di lavorare, perché devo aiutare anche i miei genitori, che nel frattempo si sono offerti di ospitare Graziella, accogliendola come una figlia. Mio padre è stato molto felice per il mio fidanzamento e, insieme a mamma, non vede l'ora che la mia vita possa spiccare definitivamente il volo».

«Questa è la stagione giusta per lavorare» precisò Ferrara, «e Capri è sempre gremita di turisti, quindi il lavoro per fortuna non manca»; poi mi chiese cosa sapesse fare Graziella, ad esempio se era abituata a lavorare o se, al contrario, svolgesse esclusivamente mansioni domestiche. Spiegai al signor Ferrara come e dove avevo conosciuto Graziella, quindi gli raccontai del nostro primo incontro a Chiavari, del fatto che andavo presso la sartoria militare per stare con lei e che i soldi guadagnati li spendevo per le nostre pizze serali, accompagnate da lunghe passeggiate sul lungomare. Dissi a Ferrara, infine, del mio improvviso trasferimento a Padova e della promessa che, quella sera, avevo fatto a Graziella: «Aspettami e, un giorno ti porterò con me a Capri e ti sposerò». Graziella mi ha aspettato e ha avuto la forza di credere in me, perché aveva trovato il suo principe azzurro.

A questo punto il signor Ferrara domandò a Graziella se aveva voglia di lavorare presso il negozio di sua moglie, titolare d'un atelier per signore. Graziella fu contentissima di questa proposta e la accettò subito: «Sì, signor Ferrara, con piacere, anche perché non potevo immaginare di rimanere a carico dei miei suoceri per tanti mesi; inoltre, lavorando, le mie giornate passeranno più velocemente». Dopodiché Ferrara mi chiese di rimanere in sartoria per mezz'ora, perché aveva intenzione di accompagnare Graziella al negozio di sua moglie: «Stavamo appunto cercando una ragazza, e all'atelier non è necessario saper cucire perché gli abiti sono già confezionati, ma ci sono sempre da fare tanti piccoli ritocchi. Se sarai brava, vedrai che ti troverai bene e mia moglie ti darà uno stipendio dopo che avrà valutato le tue capacità. Vedrai, andrà tutto per il meglio». Io, intanto, rimasi in sartoria quasi un'ora e in quell'arco di tempo non entrò nessun turista. Poco dopo Graziella e il signor Ferrara fecero ritorno con la bella notizia: la moglie di Ferrara aveva accettato di prendere Graziella a lavorare. Al mattino, pertanto, cominciammo a uscire di casa insieme, perché io attaccavo alle ore 8 e Graziella alle 9, quindi lei si fermava un po' con me in sartoria. Le spiegai quale strada doveva percorrere per raggiungere l'atelier, che distava pochi metri dalla sartoria di Ferrara. Personalmente, fui molto felice di questa soluzione: lavorando entrambi, infatti, avremmo programmato nel migliore dei modi il nostro avvenire, perché potevamo contare su due stipendi e saremmo stati anche in grado di dare qualcosa ai miei genitori, che del resto ci stavano ospitando in casa loro in attesa del matrimonio. Dopo aver parlato con Ferrara, pertanto, io e Graziella ritornammo a casa e comunicammo le ultime e positive notizie ai miei genitori, che furono felici di ascoltarle dalla nostra viva voce. In questa maniera, ed essendo entrambi impegnati nel lavoro, le settimane iniziarono a passare sempre più veloci per noi, che di lì a poco beneficiammo anche, tutti e due, del primo stipendio. Eravamo contenti di lavorare e di stare insieme. A mezzogiorno ci fermavamo a mangiare un panino o una focaccia, senza tornare a casa, così il tempo trascorreva velocemente, senza che noi ci accorgessimo di nulla, perché pensavamo solo alla nostra felicità e al nostro futuro. Giunse il periodo pasquale e, con le belle giornate, Capri diventava ancora più splendida, mentre nelle strade non mancavano le feste, oltre alla musica nelle piazze. Si lavorava molto, inoltre, a causa dei numerosi turisti che affollavano l'isola e per questo motivo io e Graziella in diverse occasioni facemmo gli straordinari. A Capri è raro che i negozi abbiano orari fissi di chiusura e, spesso, rimangono aperti fino a tardi. Io e Graziella, peraltro, non avevamo problemi a fare qualche ora in più, in atelier o in sartoria, anche la domenica: ore extra, d'altronde, volevano dire più soldi per noi.

Durante la nostra giornata libera restavamo a casa con i miei – anzi, i "nostri" – genitori mentre in altre occasioni andavamo a pescare; Graziella, fra l'altro, diventò bravissima nella pesca. Capitava anche, tuttavia, che ci recassimo in un ristorante a Marina Grande, attrezzato con cabine per potersi cambiare, fare il bagno e prendere il sole. Abbiamo vissuto, nel complesso, un periodo splendido della nostra relazione, preparandoci al giorno in cui saremmo diventati marito e moglie.

La consorte di mio cugino Vincenzo – che era anche lei una sarta, sebbene a domicilio – volle preparare l'abito da sposa di Graziella; io, invece, aiutato da Ferrara, iniziai a imbastire il mio abito nuziale. Avendo ancora molto tempo a disposizione, preparammo ogni cosa con attenzione e con calma, curando il minimo dettaglio con estrema precisione; e così passò anche l'estate, tra il lavoro, i preparativi per il matrimonio e una Capri perennemente in festa. La piazzetta gremita, i tavolini sempre stracolmi di avventori, la cattedrale piena di turisti, il campanile che rintoccava a tutte le ore; e poi la funicolare, le panchine da cui ammirare il panorama e il porto, infine i fotografi intenti a immortalare squarci di quella magnificenza e che lasciavano a tutti i loro biglietti da visita. Capri, ora come allora, è questa: sempre una grande festa.

9

Si avvicinava il mese di settembre e, con esso, anche il giorno del mio compleanno. Il 5 settembre, infatti, avrei compiuto 21 anni. Ripensavo allora al recente passato, quando ero partito per il servizio militare, nel 1959, e al fatto che erano già trascorsi due anni. Riflettevo soprattutto sull'imminenza del mio matrimonio con Graziella, dal momento che ormai mancavano solo due mesi al coronamento del nostro sogno d'amore. In quei giorni, inoltre, cominciai a pensare intensamente al futuro, mio e della donna che di lì a poco sarebbe diventata mia moglie: rimanere a Capri o partire per Milano?

Era una questione che – così credevo – si sarebbe posta prima o poi e che avremmo dovuto affrontare: a Milano, infatti, vivevano i genitori di Graziella, i quali ci avrebbero aiutato a cercare una casa e, magari, anche ad aprire una sartoria da quelle parti; a Capri, invece, non era facile aprire un negozio perché gli affitti erano tradizionalmente elevati, dunque proibitivi. Quando parlai ai miei genitori di un ipotizzato trasferimento a Milano, mia madre non nascose la sua preoccupazione: «Dopo due anni che sei stato fuori, adesso vuoi andartene di nuovo?».

«Mamma, penso sia la cosa più giusta da fare» rispondevo io, «e a Milano ci sono più possibilità di lavoro. Pensi che a me faccia piacere lasciare la mia bella isola? Qui c'è l'aria sana, c'è il mare, mentre a Milano troverò solo tanta confusione e tanto smog». Rassicurai comunque mia madre e le dissi che, prima, avrei parlato con il signor Ferrara, che infatti mi fece una proposta: «Se lavorerai con me per qualche anno, quando mi ritirerò, lascerò a te la sartoria. Avrai una buona clientela e un negozio già avviato». A quel punto riferii ai miei genitori la proposta di Ferrara e anche Graziella ascoltò con attenzione; lei, tuttavia, fremeva per fare ritorno al nord, dove c'erano i suoi genitori. Io ero quasi d'accordo, nondimeno le dissi: «Se non troviamo subito una casa e un negozio nostro, faremo ritorno a Capri. Qui, bene o male, ci sarà sempre il lavoro per vivere dignitosamente, e a Marina Grande non avremo difficoltà a trovare una casa».

Intanto i preparativi per il matrimonio fervevano e procedevano spediti: mio padre aveva già prenotato il ristorante per il rinfresco, mentre le pubblicazioni sarebbero state affisse a fine novembre e la moglie di Vincenzo stava realizzando un abito meraviglioso per Graziella. Ciononostante mi chiedevo: "Sono davvero pronto a lasciare definitivamente la mia isola?". Con le belle giornate, infatti, a Capri si respirava un'aria di festa e chi non è mai stato da queste parti non può capire, e si è perso uno spettacolo unico. Capri, non a caso, va considerata un gioiello, una rarità, insomma qualcosa che non ha eguali. Su quest'isola, d'altronde, ci sono i negozi di lusso, le grandi firme della moda e i veri e propri maestri nell'arte della gioielleria. Ci sono, inoltre, alberghi celebri come il Quisisana e La Palma; poi i Giardini di Augusto, con il loro meraviglioso scenario, che si affaccia sui faraglioni. Per non parlare, infine, dei negozi di profumeria e del resto è noto che a Capri tutto profuma di mare e di fiori.

Riflettevo pertanto su questi aspetti, che mettevo sul piatto della bilancia e che mi frenavano a proposito d'un mio imminente trasferimento in Lombardia; senza contare, inoltre, che avrei dovuto lasciare la casa che mio padre con tanto amore e tanta fatica aveva costruito per i suoi figli: una casa situata in un luogo splendido e in una posizione invidiabile, dalla quale era possibile ammirare un panorama meraviglioso, una tavolozza di colori che anche il più talentuoso dei pittori avrebbe fatto fatica a riprodurre. Partendo per Milano, infine, avrei lasciato per sempre Capri con il suo paesaggio stupendo, il porto, i battelli e lo sguardo che, da lì, si perdeva in lontananza, verso Ischia e Napoli.

Scrivo questo perché, all'epoca, stavo per lasciare tutte queste bellezze per trasferirmi in Lombardia, dove intendevo comunque aprire una sartoria mia e mettere a frutto la passione e il mestiere di sarto, essenzialmente per il bene della famiglia che volevo costruire insieme a Graziella. Avevo già in mente il nome del mio nuovo negozio: lo avrei chiamato *Sartoria di Capri* e, così, non avrei mai dimenticato le mie origini e la mia provenienza.

Intanto, a Capri, stava iniziando l'autunno: la sera diventava pungente e il freddo faceva sì che tutti abbandonassero le magliette a maniche corte, per indossare maglioni e golfini. I venti di tramontana non lasciavano dubbi: il freddo era alle porte e, con esso, anche il mio matrimonio e la partenza da Capri. Dovevo, tuttavia, seguire il mio destino, non opponendomi in alcun modo, soprattutto perché avevo intenzione di metter su famiglia, riuscendo al contempo ad aprire un negozio che – ne ero certo – mi avrebbe regalato mille soddisfazioni. Non avevo pertanto alcun timore e sentivo che, con la mia proverbiale tenacia, sarei riuscito a superare qualsiasi ostacolo.

Arrivò il giorno fatidico, quello delle nozze. Gli invitati al matrimonio non erano molti, forse una cinquantina, e nondimeno riempirono il salone della mia casa per un rinfresco, terminato il quale andammo tutti insieme alla cattedrale di Capri. Durante questo tragitto, incontrammo tanta gente che già ci conosceva e alcuni di loro, dai balconi, ci lanciarono confetti e fiori di ginestra, mentre altri ci accompagnarono fino in chiesa. La strada da percorrere, peraltro, quel giorno mi sembrava infinita, infatti c'erano tanti fotografi che ostacolavano il nostro passaggio, anche perché era abbastanza inusuale, a Capri, imbattersi in un corteo nuziale così nutrito, guidato da due sposini che si dirigevano verso la piazzetta principale dell'isola.

Quando io e Graziella raggiungemmo la piazzetta, avvicinandoci sempre più alla cattedrale, al nostro passaggio le persone battevano le mani e si congratulavano con noi: «Auguri!», «In bocca al lupo!», «Viva gli sposi!». Noi camminavamo lentamente, finché riuscimmo a scorgere la scalinata della cattedrale e poi ad entrare in chiesa. La cerimonia durò quasi un'ora e, quando uscimmo di nuovo all'aria aperta dopo esserci uniti in matrimonio, trovammo amici e conoscenti che erano lì per festeggiarci: tutti ci lanciavano il riso ed io mi meravigliai di quante persone volessero essere presenti in un giorno tanto importante per me.

Quando arrivammo al ristorante, quel locale era già pieno di turisti che stavano pranzando. Io e mia moglie ci sistemammo sul lato destro della sala, accanto a grandi finestre dalle quali scorgevamo, in lontananza, Marina Piccola. Poco prima di prendere posto, fummo accolti da un lungo applauso proveniente dai commensali: erano tutti in piedi a batterci le mani e a farci tanti auguri. A fine pranzo io e Graziella eravamo pronti per prendere l'aliscafo e partire immediatamente per Napoli; con noi c'era anche mio cugino Mario, che ci chiese se volevamo fermarci a dormire da lui prima di andare a Milano.

Rimanemmo a Napoli tre giorni, mentre i genitori di Graziella tornarono subito al nord. Insieme a Mario c'erano anche le mie cugine, che ci avevano preparato una sorpresa: la domenica ci portarono nel famoso locale in cui si era tenuta la festa che, durante il servizio militare, mi era costata ben dieci giorni di reclusione. Fu, nel complesso, una festa davvero bella, tutta per noi: ballammo tutta la sera e gli invitati erano felici di lodare me e Graziella, che molti definirono in quell'occasione «un gioiello di ragazza».

Nella vita, d'altronde, ne capitano di tutti i colori e c'è sempre sia il bello che il brutto; per queste ragioni io mi ritenevo davvero un uomo fortunato. Nonostante l'infanzia e l'adolescenza fossero trascorse per me con poche soddisfazioni, la vita comunque aveva finito per darmi quello che in precedenza mi era mancato. Il mutamento di rotta – se così possiamo dire – era iniziato il giorno della mia chiamata alle armi: la leva, infatti, mi aveva sì tolto diciotto mesi di vita civile, ma mi aveva consentito comunque di rinascere, regalandomi l'amore. Intendo, naturalmente, il vero amore, perché la donna che ho sposato è stata l'amore della mia vita, e con pazienza e tenacia mi ha aspettato per tanto tempo, ha avuto fede nelle mie promesse, infine è venuta con me in Lombardia, lieta di condividere una nuova avventura. La mia esistenza, pertanto, quel giorno è cambiata per sempre e io da allora non sono stato più un ragazzo insoddisfatto o magari immaturo, bensì un uomo, cioè una persona responsabile, pienamente consapevole dell'importanza del passo che insieme a Graziella ero deciso a compiere, e che derivava dal forte desiderio di formare con lei una famiglia.

10

Il giorno successivo a quell'ultima, grande festa che avevano organizzato per me le cugine, Mario ci accompagnò alla stazione di Napoli per prendere il treno che avrebbe portato me e mia moglie a Milano. Io pensavo che, con Graziella a fianco, ce l'avrei fatta: i progetti e i sogni ai quali avevamo cercato di dar forma, infatti, sentivo che stavano per realizzarsi. Milano, del resto, negli anni Cinquanta e Sessanta per molti ragazzi – in particolare provenienti dal Meridione – non era una semplice città, quanto piuttosto una sorta di terra promessa e anche io e Graziella, diretti nel capoluogo lombardo, ci consideravamo all'epoca veri e propri immigrati; come tali, pertanto, avremmo dovuto dapprima trovare casa e poi cercare di aprire una sartoria nostra, che – pensavamo – ci avrebbe permesso di costruire una vita migliore, agiata e felice.

Quando arrivammo a Milano c'era mio cognato ad attenderci in stazione; andammo inizialmente ad abitare dai miei suoceri, che con grande premura ci avevano preparato una stanza tutta per noi. Ero molto contento di questa soluzione temporanea e ritenni opportuno ringraziare una seconda volta i genitori di Graziella per la gioia che avevo provato nell'attimo in cui mi avevano concesso la mano della figlia. Già dal giorno seguente mi misi a cercare la casa nella quale sarei andato ad abitare con Graziella e, tramite un'agenzia, vidi che c'erano degli appartamenti in affitto a Monza. Presi in prestito la bicicletta da mio suocero e mi recai all'indirizzo che avevo segnato su un foglietto: zona Cazzaniga, una traversa di Via Boito, vale a dire Via Leoncavallo 47.

Quando raggiunsi quel numero civico, l'incaricato dell'agenzia immobiliare mi aspettava. Mi mostrò l'appartamento: il cortile sembrava messo a nuovo, mentre a piano terra c'erano due locali più servizi; mancava del tutto l'arredamento ma la proposta nel complesso mi parve buona, quindi accettai. Andammo in agenzia, dove mi comunicarono la totalità delle spese che avrei dovuto sostenere, ed io chiesi alla fine se era possibile mostrare l'immobile anche a mia moglie.

Mi risposero che non c'erano problemi e, il giorno dopo, portai Graziella a vedere la casa: rimase molto soddisfatta, dunque tornammo in agenzia per lasciare un acconto. A sole ventiquattr'ore dal nostro arrivo a Milano, pertanto, avevamo già trovato un appartamento tutto per noi ed io interpretai questa cosa come un segno del destino, ovviamente un buon auspicio.

Anche i genitori di Graziella furono felici per questa soluzione, quindi non restava altro da fare se non comprare i mobili che avrebbero arredato la nostra nuova casa. Vicino al luogo in cui vivevano i miei suoceri c'era un grande mobilificio, un enorme stabile di quattro piani, il Mobilificio Polli, presso il quale mi recai subito. Il proprietario ci accolse con grande cortesia e mandò un suo incaricato per dare un'occhiata all'appartamento da arredare: l'uomo prese le misure di tutte le stanze – camera da letto, cucina, bagno, soggiorno – nonché del corridoio, in cui avrebbe potuto trovar posto un divano letto e un mobile a muro per un eventuale televisore.

Quando tornammo al mobilificio, il signor Polli mi disse che, dopo aver preso le misure, mi avrebbe fatto scegliere i mobili per la casa e solo allora avrei discusso con lui del costo complessivo e delle modalità di pagamento. Quell'uomo, insomma, era stato davvero gentile: non mi conosceva, eppure mi stava accordando una grande fiducia; forse perché vedeva che io e Graziella eravamo giovani, sposati da poco e volevamo metter su famiglia, quindi aveva capito che eravamo due ragazzi in gamba, seri, ma che avevano bisogno di essere incoraggiati all'inizio della loro avventura. Non ci fece pesare gli eventuali costi, infatti, e disse di non preoccuparci.

Rimanemmo ancora ospiti dei miei suoceri per una settimana e dopo sette giorni il signor Polli ci comunicò che erano finiti i lavori: potevamo trasferirci nella nostra nuova casa. L'appartamento era accogliente e fu da quel momento che ebbe inizio la nostra vita coniugale. Il signor Polli mi disse di tornare da lui dopo un'altra settimana, quando avrebbe sottoposto alla mia attenzione il contratto con i costi e con le modalità di pagamento. Gli dissi però che avevo bisogno di cominciare concretamente a fare il sarto per guadagnare dei soldi, così Polli mi portò all'ultimo piano del mobilificio e mi fece scegliere un tavolo su cui avrei potuto lavorare. Scelsi un bel fratino, che faceva proprio al caso mio, quindi andai a Monza per comprare una macchina da cucire industriale: adesso avevo un tavolo e una macchina da cucire, ma mi mancavano ancora molte altre cose.

Innanzi tutto avevo bisogno di un ferro professionale, di forbici e del filato; tramite un negoziante riuscii ad avere il numero di telefono d'un fornitore di Milano, un rappresentante di tessuti che incontrai qualche giorno dopo.

Si chiamava Canavese e lui poteva rifornirmi di tutto quello che mi occorreva per avviare la sartoria. Mancavano solo i locali adatti, insomma un negozio, che nondimeno io continuai a cercare in una strada di Monza, Via Boito. Dopo molte ricerche ne trovai uno con la serranda chiusa e mi interessai subito attaccando discorso con l'edicolante che era lì vicino: quell'uomo mi disse che il proprietario di quei locali era anche il titolare d'un negozio di elettrodomestici, che stava qualche metro più avanti. Andai immediatamente da questa persona, che mi chiese quali intenzioni avessi, mi fece alcune domande, infine mi portò a vedere il negozio; fu garbato e pretese un affitto ragionevole.

A quel punto contattai nuovamente il signor Polli, gli mostrai gli ambienti che avrebbero dovuto ospitare la mia sartoria e chiesi a lui un preventivo per arredarla. Decisi che in un angolo avrei dato vita alla saletta di prova, con due specchi; inoltre mi serviva una scaffalatura per custodire i tessuti e una cassettiera; infine due poltroncine, un piccolo tavolo e un'insegna con la scritta *Sartoria Capri*. Nel frattempo mi ero recato anche in merceria, dove avevo acquistato altri prodotti che ritenevo necessari per iniziare nel migliore dei modi la nuova attività; e non avevo trascurato neppure la pubblicità, perché avevo pensato proprio a tutto, ad esempio volantini e cartelloni. Insomma, speravo davvero che questo impegno e questa dedizione sarebbero stati ripagati, garantendomi alla fine risultati tangibili. Graziella, intanto, aveva trovato lavoro in una fabbrica di compensati: mi raccontava delle sue giornate e mi diceva che il proprietario di quella fabbrica possedeva un asinello, a cui lei dava sempre da mangiare carote e mele.

Dopo quasi quaranta giorni dal mio arrivo a Milano, ci fu l'inaugurazione della sartoria, a Monza, che fu benedetta dal parroco della nostra chiesa. Mi stupì prendere atto di quante persone erano passate a trovarmi: io non conoscevo quasi nessuno da quelle parti, perché ero arrivato da poco tempo, e quasi nessuno conosceva me; eppure il negozio era già pieno e tutti mi facevano i complimenti. Durante l'inaugurazione qualche cliente mi lasciò anche il suo numero di telefono e alcuni vollero prendere le misure per realizzare un abito. Il giorno dopo tirai su la serranda del negozio alle ore 8 in punto e cominciai a lavorare.

Scrivo tutto ciò per far comprendere a chi legge che non è stato facile iniziare dal nulla un'attività commerciale e, se non avessi trovato tante persone pronte ad aiutarmi, forse non sarei mai riuscito a inaugurare una sartoria mia. Ebbe così inizio la mia avventura a Monza. Cominciai immediatamente a lavorare con impegno e con passione, ma soprattutto con una grandissima voglia di far bene. In quel periodo presi anche la patente, perché capii che era necessario acquistare una macchina per potermi muovere più facilmente. Chiesi a un meccanico che si trovava nei pressi della mia sartoria e lui mi procurò una Peugeot, con cui peraltro potevo accompagnare Graziella al lavoro, risparmiandole la fatica d'andare in bicicletta.

Io e lei ci alzavamo insieme, ogni mattina, dopodiché la accompagnavo in fabbrica, poi andavo subito a negozio, parcheggiavo la macchina sul retro e mi mettevo a lavorare. Iniziando al mattino presto, ero in grado di consegnare due abiti a settimana. Mi adoperavo ogni giorno di più per far decollare la mia attività, perché avevo voglia di emergere, di far bene e la tenacia davvero non mi mancava. Nella prima settimana riuscii a consegnare un abito e a iniziarne un secondo, e del resto fare il sarto è un'arte, quindi è necessario essere precisi, scrupolosi, meticolosi, affinché ogni cucitura e il minimo dettaglio siano sempre perfetti.

Il tempo passava, io ero sempre più soddisfatto di questa attività e allo stesso modo lo erano i miei clienti, anche perché le ordinazioni non mancavano e c'erano sempre abiti nuovi da consegnare. Le belle notizie, peraltro, non erano finite: presto sarei diventato papà di un bel maschietto e, con la famiglia che si allargava, compresi che c'erano alcune cose da sistemare.

Mi iscrissi infatti a un'associazione di artigiani e commercianti di Monza e cercai anche un ragioniere, affinché tenesse i conti e curasse le mie pratiche. In soli due mesi, pertanto, ero riuscito a realizzare tutti i miei progetti e adesso Graziella aspettava un bambino: ero raggiante, perché quando sono partito per Milano non immaginavo che avrei ottenuto questi successi in un tempo così breve. Il lavoro d'altronde mi piaceva ma – voglio essere sincero – era anche molto stressante. Mi alzavo infatti alle 5 del mattino per accompagnare Graziella in fabbrica e, subito dopo, andavo in sartoria dove rimanevo fino alle 2 del pomeriggio, quando andavo a riprendere Graziella. Dopo che eravamo tornati a casa, lei preparava qualcosa da mangiare e, dopo pranzo, andavo nuovamente in sartoria, a lavorare fino alle 8 di sera, mentre se c'erano da portare a termine lavori importanti, rincasavo anche a mezzanotte.

Intanto i mesi correvano veloci ed era quasi arrivata l'estate del 1962; io aspettavo con ansia la nascita del mio primogenito. Quando avevamo un po' di tempo libero, io e mia moglie andavamo a ballare, nonostante lei avesse la pancia; oppure andavo con il padre di Graziella a pescare: un giorno ebbi la fortuna di agganciare uno storione, ma il filo della canna era troppo debole per tenerlo. Riuscivamo nondimeno a tornare a casa sempre con tanto pesce e, qualche volta, con una trota. A luglio Graziella entrò in maternità e smise di lavorare, così mi faceva compagnia in sartoria ed io potevo essere sempre presente in una fase tanto delicata, in prossimità del parto. Non nego infatti che, più i mesi passavano, più l'ansia per me cresceva, ma la verità è che non vedevo l'ora di tenere in braccio il mio bel maschietto appena nato.

Graziella, peraltro, sebbene incinta mi dava una mano in sartoria con le rifiniture; la sera prendevamo alcune pizze e andavamo a casa a mangiare, oppure riscaldavamo un brodino facile da digerire e, quando io avevo l'opportunità di cucinare, preparavo un ottimo sughetto con il pomodoro fresco. Mentre ci trovavamo entrambi in sartoria, a Graziella si ruppero le acque: era arrivato il momento fatidico e il mio primogenito stava per nascere. Grazie all'auto che avevo parcheggiato lì vicino, portai subito mia moglie all'ospedale di Monza. Il 6 agosto 1962 nacque un bel maschio di circa quattro chili, che chiamammo Ulisse. Fu una gioia immensa ed io telefonai ai miei genitori, a Capri, per dargli questa splendida notizia; loro furono molto felici e mi dissero che sarebbero venuti a Milano per il battesimo.

Graziella e il piccolo lasciarono l'ospedale dopo cinque giorni e, al loro ritorno fra le mura domestiche, ad attenderli trovarono una grande festa. Con Graziella che rimaneva a casa in compagnia dei suoi genitori e che si dedicava alle cure del neonato, io non potevo comunque abbandonare la sartoria, che aveva bisogno della mia presenza. Ciononostante, pensai bene di appendere il tradizionale fiocco azzurro all'entrata del negozio e, quando i clienti lo vedevano, mi facevano i complimenti e i migliori auguri. Il giorno in cui nacque

Ulisse, del resto, mi misi a lavorare con un'energia diversa, perché sprizzavo gioia da tutti i pori e credo che questo stato d'animo sia comune a ogni neo-papà del mondo.

Da quando mio figlio era nato, peraltro, il lavoro era sensibilmente aumentato e sembrava quasi una benedizione, o magari un passaparola: i miei clienti del resto erano sempre molto soddisfatti, quindi avvisavano gli amici o i conoscenti, e non solo a Milano ma anche nelle aree limitrofe. Ed io? Personalmente ero contentissimo di come la mia vita stesse procedendo e con orgoglio ripercorrevo mentalmente le ultime tappe, convincendomi di aver compiuto un'autentica impresa, della quale andar fiero. In meno di un anno, infatti, nonostante mi fossi trasferito in un'altra città e soprattutto in un'altra zona dell'Italia, avevo stretto i denti, mi ero rimboccato le maniche ed ero riuscito in men che non si dica ad affermarmi nel mio lavoro, ad aprire con successo un'attività mia, quindi a gettare le fondamenta d'una famiglia felice e, infine, mia moglie mi aveva regalato un figlio.

Quel periodo, infatti, lo ricordo bene ed era fitto d'impegni, a tal punto che mi toccava non di rado passare la notte in sartoria, anche perché il mio motto era di non rifiutare, mai, un lavoro. Per queste ragioni e per l'aumento considerevole della mole delle ordinazioni, fui costretto ad assumere una ragazza, che abitava vicino casa: lei voleva imparare a cucire e a me una mano in più faceva comodo. Pian piano imparava ed io vedevo con soddisfazione l'impegno che ci metteva. In autunno Ulisse aveva già due mesi e Graziella nel pomeriggio poté ricominciare a venire qualche volta a negozio. Ulisse era un bambino meraviglioso, piangeva raramente ed era molto tranquillo.

Tutti, all'epoca, mi dicevano che a Milano avevo trovato fortuna e, a dire la verità, avevo senz'altro fatto in modo che la mia esistenza imboccasse la strada giusta. Ciò nondimeno Capri mi era rimasta nel cuore, dunque la sognavo continuamente: come in un sogno, appunto, si affastellavano nella mente alcune immagini sparse e ricordavo con nostalgia quando, a piedi, me ne andavo ad Anacapri e mi fermavo a pregare vicino alla Madonnina della grotta. Si trattava di un altare che rimaneva sempre illuminato ed era posto a protezione di una brutta curva, che in passato aveva causato una disgrazia: in un burrone, infatti, era precipitato un pulmino pieno di turisti. Riandavo con la mente, inoltre, al periodo in cui, a nuoto, raggiungevo la Grotta Azzurra; prima delle 6 del pomeriggio l'ingresso era riservato alle barchette ma dopo quest'orario era possibile accedere a nuoto alla Grotta.

E, ancora, rammentavo commosso tutta la bellezza che avevo lasciato il giorno in cui ero partito per Milano: il porto, la processione di San Costanzo, le feste in piazza, le bande musicali; e anch'io, a suo tempo, avevo fatto parte di una piccola orchestra caprese.

Insomma non potevo dimenticare Capri, per nulla al mondo, ed anche se a Milano avevo trovato la stabilità economica e tanta tranquillità, l'isola la consideravo la mia vera casa. A Milano ci si alzava presto al mattino, si faceva una leggera colazione e poi si correva a lavoro. Se ci fate caso, a Milano corrono sempre, anche quando si prende la metro. Io, al contrario, da buon meridionale ero abituato a ritmi totalmente differenti e a una vita meno frenetica: ero infatti abituato a far "correre" – se così possiamo dire – solo le mie mani per lavorare. Milano, tuttavia, alla fine mi è entrata nel sangue e i suoi ritmi forsennati sono diventati anche i miei:

spesso, non a caso, Graziella mi diceva che non guardavo mai l'ora e rincasavo in orari assurdi, ma ciò avveniva perché capitava di non aver terminato il lavoro quando ancora splendeva la luce del sole ed io ero sempre molto riluttante ad abbandonare la sartoria prima che tutto fosse in ordine.

Alcune persone, a volte, mi hanno chiesto «Ma come hai fatto a lasciare Capri?» ed io ho sempre risposto che, al di là delle difficoltà ad ambientarsi in un'altra regione e delle abitudini diverse che avrei incontrato al nord, sapevo perfettamente che quello che mi attendeva a Milano per forza di cose sarebbe stato migliore e più desiderabile. Si trattava, d'altronde, di una scommessa che avevo fatto con me stesso ancor prima di partire ed è una scommessa che oggi posso dire di aver vinto. Il mio mestiere, peraltro, non è facile, richiede applicazione, fatica e molta concentrazione ed io infatti non sarei mai riuscito a diventare un sarto d'un certo livello senza gli insegnamenti del mio maestro, il signor Ferrara, e ovviamente senza la mia grandissima voglia di far bene.

Nel dicembre 1962 ero impegnato notte e giorno a lavorare un cappotto di cashmere, anche Graziella aveva ripreso i turni in fabbrica ed io la aiutavo occupandomi – quando potevo – del bambino, anche perché potevo lasciare a negozio la giovane che avevo precedentemente assunto. Questa piccola catena di montaggio durò qualche mese e un bel giorno mi dissero che, poco distante dalla mia sartoria, si era liberato un locale; andai subito a vederlo e mi piacque. Non ci pensai neanche un minuto in più, allora, lo presi e cominciai a ripulirlo, aiutato da alcuni amici. In quel negozio inoltre c'era la cucina, così durante le giornate più fitte d'impegni avrei potuto preparare qualcosa da mangiare, senza prendermi lunghe pause nel lavoro. Per adornare la nuova sartoria acquistai anche un bellissimo quadro raffigurante un vecchio con un bastone, e che gli avventori ammiravano. Arredai il negozio, inoltre, aggiungendo alcune poltroncine e un tavolino, pertanto la mia nuova sartoria divenne ancor più accogliente.

Tutti rimasero colpiti dal salto di qualità che avevo fatto grazie al nuovo negozio, in particolare il rappresentante di tessuti che periodicamente riforniva la sartoria, il signor Canavese, che era diventato mio amico ormai: «Umberto, stai facendo passi da gigante» mi diceva, quindi continuava a complimentarsi per il negozio, per gli abiti che riuscivo a realizzare, nonché per la mia aiutante, che aveva imparato a lavorare con maestria e precisione. Il signor Canavese mi proponeva spesso di acquistare tessuti nuovi, ad esempio alcuni che provenivano dalla Gran Bretagna, ed io accettavo con piacere, perché quando mi rifornivo da lui i clienti erano sempre molto soddisfatti della qualità dei tessuti.

Il lavoro in sartoria, però, non poteva considerarsi l'unico che all'epoca svolgevo: ero fortemente impegnato, infatti, anche in un altro genere di "lavoro", quello di padre, quindi dovevo occuparmi di mio figlio e a ben vedere si trattava di una mansione ancor più importante e decisiva. Del resto mi ritengo fortunato, perché Ulisse era davvero un bravissimo bambino: al mattino io e Graziella, come al solito, ci alzavamo presto, preparavamo la pappa al piccolo e poi insieme a lui accompagnavo mamma in fabbrica. In questo lasso di tempo il bimbo dormiva beato nella sua carrozzina e alle ore 8 lo portavo con me a negozio. Dopo qualche minuto arrivava la mia aiutante, che iniziava a lavorare sotto la mia supervisione e spesso mi dava una mano anche con il piccolo. Alle 2 del pomeriggio Graziella finiva il suo turno e io andavo a prenderla, lasciando Ulisse con la ragazza, in sartoria: un ritmo incredibile, insomma, grazie al quale però tutto funzionava perfettamente.

Certo, forse la vita a Capri sarebbe stata più facile, senz'altro meno vorticosa, ma a Monza io e mia moglie abbiamo vissuto bene, percorrendo giorno dopo giorno la nostra strada, un cammino, questo, che abbiamo costantemente condiviso; e con pazienza e tenacia siamo andati avanti, affrontando e risolvendo i problemi nell'attimo in cui si presentavano. Ovviamente ho sempre creduto che, se non fossi partito per il nord, la mia esistenza a Capri sarebbe stata meno stressante e magari più "bella"; la malinconia e la nostalgia, infatti, a volte mi assalivano e diventavano più forti quando sentivo i miei genitori. Loro volevano sapere sempre se io e Graziella stavamo bene, come andava il lavoro e, soprattutto, come stava il loro nipotino.

Io rispondevo che Ulisse cresceva sano e robusto e diventava ogni giorno più bello, con i suoi occhioni azzurri e i capelli biondi: «È proprio un amore!» dicevo, e intanto inviavo una sua foto ai miei genitori, che naturalmente erano molto contenti di vederlo e mi chiedevano di portarlo a Capri non appena avrebbe iniziato a camminare.

«Anche noi nonni abbiamo il diritto di goderci nostro nipote» diceva infatti mia madre.

«Va bene, mamma, ti prometto che appena Ulisse avrà compiuto 3 anni lo porterò a Capri» replicavo io, anche se non potevo fare a meno di pensare che sarebbe stato difficile lasciarlo da solo con i nonni, perché il bambino non era abituato e avrebbe potuto soffrire la mancanza della mamma e del papà. Rassicuravo comunque mia madre: «Per me non è un problema occuparmi di Ulisse. Graziella lavora e io posso condurlo con me in sartoria, dove c'è una ragazza che mi aiuta, anche con il piccino».

Dopo queste lunghe telefonate, mi tornavano alla mente le splendide giornate che ero solito trascorrere sulla mia isola e il rimpianto si riaffacciava per un attimo, assieme a una vaga tristezza, ma io ero bravo a scacciare lontano da me questi pensieri, gettandomi a capofitto nel lavoro e non ragionando d'altro. Anche quando mi sentivo più stanco e, magari, avrei desiderato rallentare un po' questo ritmo così frenetico che mi ero imposto, non ci riuscivo e, forse, non volevo riuscirci. D'altronde non mi trovavo più a Capri, dove potevo divagarmi in mille modi; a Monza, al contrario, le giornate erano tutte uguali e per fortuna avevo sempre tanto lavoro da sbrigare.

11

Dalla nascita di mio figlio era già passato un anno e mezzo e, pian piano, vedevo con gioia che lui aveva iniziato a camminare. Le ore, d'altronde, scappavano letteralmente quando ero impegnato al lavoro, a tal punto che mi sembrava fosse trascorso pochissimo tempo dal giorno in cui la mia sposa aveva partorito; e ora, con mia grande sorpresa, quel frugoletto già camminava! Giunto ormai alla fine del 1964, il mio augurio era che gli anni a venire potessero rivelarsi per me ricchi di soddisfazioni come quello che stava per terminare.

Ricordo che quell'anno festeggiammo il Capodanno a casa dei miei suoceri: la nonna giocava con il nipotino, che correva dappertutto, mentre io e mio suocero durante quelle giornate spesso andavamo a pesca, sperando di prendere qualcosa da cucinare per le feste. A pesca, infatti, si va al mattino e bisogna calcolare che occorre almeno un'ora per raggiungere il fiume; noi di solito andavamo sullo Scrivia, un fiume molto pescoso, anche se da quelle parti a dicembre fa davvero freddo. Del resto mi recavo lì con mio suocero non solo per accontentarlo, ma anche perché pescare mi è sempre piaciuto; nonostante le temperature tanto rigide, infatti, quell'anno riuscimmo a prendere quasi cinque chili di pesce.

In questo modo trascorrevamo serenamente le feste, in compagnia e con i miei suoceri, ma io anche in queste occasioni pensavo al lavoro che c'era da fare: anche in quella circostanza c'erano alcuni abiti per un matrimonio da portare a termine e, appena rientrati a casa, mi sarei dedicato a tali incombenze. Mia suocera quell'anno ci chiese se il piccolo poteva rimanere con loro ancora una settimana; io e Graziella a quel punto ci siamo guardati negli occhi per un attimo, quindi abbiamo accettato: saremmo tornati la domenica seguente a riprendere il piccolo Ulisse.

Al rientro Graziella ricominciò a lavorare, così ci immergemmo immediatamente nella nostra *routine*; in quel periodo riuscivo ad arrivare in sartoria anche due ore prima del previsto e questo largo anticipo mi permetteva di lavorare molto di più e, soprattutto, con maggiore tranquillità. Quando venne la domenica, assieme a Graziella andammo a riprendere Ulisse dai nonni, e mia suocera disse che un bambino così buono e tranquillo non lo aveva mai visto: «Mangia sul seggiolone, non si sporca, mi avvisa quando deve fare i suoi bisogni: è proprio bravo. Perché non lo lasciate ancora qualche giorno qui da noi? Se fosse estate, il nonno lo porterebbe in bicicletta, ma Ulisse è talmente bravo che si diverte anche in casa». Dinanzi a queste richieste così affettuose e insistenti, decidemmo di lasciarlo ancora una settimana e d'altronde per me e Graziella la possibilità di contare sui nonni materni fu davvero di grande aiuto in quel periodo.

Il mio lavoro frattanto non era cambiato, anzi era sempre quello ed era diventato abbastanza monotono nel complesso: si cominciava infatti con il taglio, quindi si proseguiva per mettere in prova la giacca. Tutto era sostanzialmente uguale, nulla cambiava e veniva anche – puntuale come sempre – il momento di fare i pantaloni, che erano realizzati con il medesimo procedimento; ciò che variava era solo il colore dell'abito e dei tessuti. Infine si arrivava alla prima e poi alla seconda prova, dopodiché l'abito poteva essere finito.

"Il sarto, se lo sai fare, è un mestiere automatico" ripetevo non a caso a me stesso; e del resto questo lavoro può essere paragonato a quello di una macchina in grado di sfornare in serie un determinato prodotto; e la diversità non sta nel procedimento adottato e nemmeno in ciò che viene prodotto, quanto piuttosto nella qualità della "macchina". Il sarto, infatti, se è davvero bravo sa svolgere il suo lavoro interamente a mano, dunque è un artigiano i cui ferri del mestiere sono ditale, ago e filo; ed ecco spiegata la ragione per cui si dice che il mestiere del sarto monotono. Così passavano le settimane, i mesi e gli anni e venne anche il giorno del mio compleanno: un altro anno era finito, ma io non avevo il tempo di guardare dietro di me, o di ragionare sul fatto che mi ritrovavo con un anno in più sulle spalle.

Durante gli anni Sessanta realizzai molti abiti, e per sapere esattamente quanti mi bastava aprire il quaderno e contare il numero dei clienti; ma non importava, perché vedevo benissimo che il lavoro non mancava. Poi arrivò di nuovo dicembre e Graziella mi diede una bellissima notizia: «Umberto, sono incinta». Si mise a piangere, però, ed io allora l'abbracciai forte forte, tenendola stretta a me, mentre le sussurravo: «Amore mio, questo è un dono del Signore: non piangere, fallo per me, perché non riesco a vederti così».

Mia moglie disse che non voleva il bambino, ma io le feci capire che dentro di lei, in pratica, c'era già un cuore che batteva e ciò era accaduto nell'attimo esatto in cui era rimasta incinta; non poteva non trattarsi d'un segno del destino e di un autentico dono di Dio: «Ricordati una cosa» le dissi, «c'è un detto secondo il quale uno è poco e due sono troppi. Capisci che questo bambino sarà la felicità, che entrerà senz'altro nei nostri cuori? E poi, se dovesse essere una femminuccia, non ti piacerebbe abbracciarla? Credo che saresti molto contenta. Pensiamo al futuro, allora: tu hai un lavoro, io anche e un altro figlio non ci manderà in malora».

Parlammo inoltre con i genitori di mia moglie, e anche loro insistettero affinché Graziella tenesse il bambino, ad esempio rammentandole che, bene o male, proprio la sua era stata una famiglia numerosa e nondimeno tutti erano cresciuti in buona salute: «Graziella» volle convincerla infatti la madre, «tu hai già un bambino meraviglioso, ma se il Signore ti sta regalando un'altra creatura, consideralo appunto un dono, oltre che una benedizione. I figli sono la vera ricchezza di una famiglia, e con un'altra creatura in grembo non vi sarà alcun dramma. Tu lavori, Umberto anche, ed è ormai diventato il miglior sarto di Milano. Lascia che la vita faccia il suo corso, così come viene: due bambini in casa, inoltre, potranno farsi compagnia tra loro. Vedrai, sarai molto felice perché i bambini portano con sé solo gioia e felicità».

Dopo questa conversazione mi recai al lavoro più tranquillo, perché pensavo che Graziella aveva accettato non solo i miei suggerimenti ma soprattutto quelli della madre. Ulisse, peraltro, stava volentieri con la nonna e noi eravamo più liberi di lavorare con serenità. In quel momento – lo ricordo ancora – il mio impegno era rivolto a un abito spezzato, con una giacca a quadri molto evidenti e il solito pantalone in flanella color nocciola. Ero soddisfatto del modo in cui procedeva la sartoria, anche perché ormai aveva imparato a ribattere bene le fodere delle giacche e per me il suo aiuto era diventato estremamente prezioso.

Graziella passò il Capodanno in maternità e fu fortunata, perché il suo datore di lavoro si era affezionato a lei; ma del resto tutti in fabbrica le volevano bene, perché vedevano quale era il suo impegno: era sempre la prima ad arrivare e l'ultima ad andar via. Nonostante il principale si raccomandasse, cercando di convincerla a rimanere a casa, Graziella continuò a lavorare fino a un mese dal parto; poi si trasferì da sua madre, che poteva aiutarla con Ulisse, mentre io andavo a trovarli ogni domenica.

Febbraio era alle porte e in egual modo lo era la nascita del mio secondo figlio, che fu un maschietto: Graziella sperava in una bambina ma così non fu. In quel periodo stavo lavorando su un abito che mi aveva commissionato il pizzaiolo del quartiere: dal momento che Graziella stava dalla madre, infatti, mi fermavo spesso a mangiare in quella pizzeria, così che il titolare finì per chiedermi se potevo realizzare un abito su misura per lui. Una domenica andai dai miei suoceri e decidemmo che Graziella sarebbe tornata a casa, mentre Ulisse sarebbe rimasto con i nonni: ormai il parto era imminente e in questo modo sarebbe stato più facile per lei raggiungere rapidamente l'ospedale.

Il 16 marzo ero andato in sartoria come al solito, mentre Graziella era rimasta a casa a riposare; a un certo punto ricevetti una sua telefonata, nella quale mi pregava di raggiungerla perché le si erano rotte le acque. La portai di corsa in ospedale e chiesi di poter assistere al travaglio e al parto. Le infermiere mi prepararono per entrare in sala parto, così vidi nascere il mio secondo figlio, un bambino di 3 chili e 800 grammi, molto lungo e con tanti capelli, che chiamammo Achille. Tornai il giorno dopo in ospedale e portai a Graziella un mazzo di rose rosse: lei aveva gli occhi che brillavano, quindi posai le mie labbra sulle sue e le dissi inoltre che ero andato dai suoi genitori per annunciargli il lieto evento, compreso Ulisse al quale avevo detto con gioia che era nato il suo fratellino. Graziella rimase in ospedale per quattro giorni ed io ero molto felice, perché mia moglie aveva dato alla luce due maschi, che avrebbero perpetuato negli anni a venire il nome dei Cinquegrana.

Con due figli ebbe inizio la nostra nuova vita. Io tornai subito a negozio e misi ancora un fiocco azzurro all'entrata; e, anche questa volta, tante persone venivano in sartoria per fare gli auguri a me e a Graziella, o magari per assaggiare i confetti che avevo sistemato in un piccolo vaso di cristallo sul bancone. Durante quei festeggiamenti riuscii anche a prendere un ordine di una cliente che voleva una giacca blu e una gonna grigia: le feci vedere i modelli del blazer che realizzavo da uomo e lei rimase favorevolmente colpita. Tornò per mostrarmi un suo tailleur, fatto da una sarta molto conosciuta; io presi le misure e fissai il giorno della prova.

Quando Graziella uscì dall'ospedale la portai subito a Lissone, dai suoi genitori, dove ad attenderci c'era anche Ulisse, che ormai aveva compiuto 3 anni: baciò sulla fronte il suo fratellino appena nato e i miei suoceri rimasero incantati nel vedere per la prima volta il piccolo Achille. Era infatti un bambino bellissimo, snello e con lunghe gambette. Preferii lasciare Graziella e Ulisse dai miei suoceri e tornai in sartoria, perché avevo del lavoro urgente da finire; ovviamente lavorai con tanto entusiasmo, perché mia moglie aveva partorito da poco ed era nato il mio secondogenito. A darmi una mano, inoltre, come al solito c'era la mia aiutante che terminava i pantaloni, anche se nel complesso era un po' lenta ma andava bene lo stesso, perché operava con cura e anche se non sapeva ancora fare le asole, pian piano glielo avrei insegnato. Io invece lavoravo le maniche della giacca e, dopo averla misurata, procedevo a imbastirla.

Era – come ho già scritto – il solito lavoro, che ormai procedeva in maniera quasi automatica. Ricordo che in quei giorni mi recai a Monza per acquistare dei bottoni e poi iniziai a stirare l'abito: ci vollero circa due ore, dopodiché fu pronto. La signora che lo aveva ordinato arrivò in sartoria il sabato e fu davvero contenta del risultato, chiedendomi solo di allungare d'un paio di centimetri la gonna. Intanto portavo a termine anche un abito da uomo di un grigio scuro, quasi canna di fucile: il tessuto era difficile da lavorare perché bisognava farlo aderire perfettamente, e in caso contrario le classiche pieghe non sarebbero andate via, neppure con il ferro da stiro; ma questi, in realtà, sono dettagli e particolari che solo un sarto può conoscere. Per lavorare due abiti contemporaneamente, inoltre, era necessario dividere le ore di lavoro: così facendo, la settimana finiva in maniera positiva ed io potevo dirmi soddisfatto.

A fine settimana andai dai miei suoceri e d'altronde ero entusiasta di poter riabbracciare finalmente mia moglie e i miei figli. Ringraziai calorosamente i miei suoceri, chiamandoli con affetto «mamma» e «papà»; e, chiaramente, riuscii a scorgere la commozione nei loro occhi. Passammo una domenica perfetta, giocammo a carte, quindi misi Ulisse sulle mie gambe e presi in braccio Achille che aveva solo una settimana di vita. Mentre eravamo a tavola, dissi a Graziella che con due figli la famiglia era finalmente completa; invece la mia seconda mamma mi ammonì:

«Umberto, non dire certe cose. La vita ci riserva sempre delle novità».

«Mamma, forse hai ragione» dissi allora io, «e se il Signore ci manderà un'altra vita, noi la accoglieremo a braccia aperte».

La sera domandai a Graziella se voleva tornare a casa ma lei preferì rimanere ancora una settimana con i suoi genitori. Tornai allora solo al nostro appartamento ma ero un po' malinconico: era vuoto, il letto in disordine e c'era da sistemare praticamente tutto. Così chiesi alla mia aiutante che lavorava in sartoria, se poteva aiutarmi a rassettare la casa, in modo che Graziella avrebbe trovato ogni cosa in ordine al suo rientro. La ragazza accettò con piacere. Il lunedì iniziai presto a lavorare: alle 10 già avevo tagliato un abito, quando arrivò il signor Canavese, il mio fornitore di stoffa. Mi vide triste e gli spiegai che mi sentivo solo, perché mia moglie ancora non era ritornata a casa, quindi mi propose una pausa, invitandomi ad andare con lui al bar a fare colazione. Lì incontrai un uomo che mi domandò se potevo realizzare un abito su misura in quindici giorni: io accettai e l'uomo tornò in sartoria con me e Canavese, quindi scelse i tessuti, gli presi le misure e gli diedi appuntamento per la settimana successiva. Dissi poi a Canavese che mi aveva portato fortuna e pensai anche che, se non fossi andato al bar con lui quella mattina, forse non avrei incontrato quel signore e non lo avrei avuto come cliente: a volte i casi si incrociano e io sono sempre contento quando ho modo di attrarre nuovi clienti e quando questi si complimentano con me.

Quando sono emigrato da Capri per stabilirmi in Lombardia, speravo di fare fortuna, ma non ero certo che ciò potesse avvenire; ho capito solo in seguito che, dopo molti sacrifici, la vita a un certo punto aveva deciso di premiarmi. La mia vita, infatti, è cambiata dal giorno in cui ho indossato l'uniforme e sono stato richiamato per il servizio militare: da allora il mio percorso è cambiato radicalmente. Certo, in me rimane molta amarezza quando ripenso a Capri ma, con il passare degli anni, mi sono adattato a questa situazione. Anche se la mia isola è rimasta nel mio cuore e nella mia mente, io chiudo gli occhi e vado avanti, senza pentimenti.

La settimana seguente fu di ordinaria amministrazione, e il sabato chiusi in anticipo la sartoria perché volevo comprare alcuni articoli da pesca. La domenica, infatti, passai a prendere mio suocero e andammo sul Lago di Como a pescare: in tutto, quasi mezzo chilo di pesce. A mezzogiorno tornammo a casa di mio suocero e lui preparò la griglia: fu un pranzetto coi fiocchi. Trascorsi il resto della giornata insieme ai miei figli, ai quali feci capire immediatamente che loro per me erano uguali, non c'erano differenze d'alcun genere ed io volevo bene a entrambi, nello stesso identico modo. Alla sera, finalmente, potei accompagnare Graziella, Ulisse e Achille a casa loro. Sapevo che la mia aiutante aveva rassettato l'appartamento e mia moglie notò subito che, così pulito, non poteva essere opera mia. Del resto, come avrei potuto lavorare in sartoria e contemporaneamente spazzare e lavare? Spiegai dunque a Graziella: «Ho chiesto alla ragazza che mi dà una mano a negozio di sbrigare alcune faccende domestiche, così non ti saresti stancata al rientro».

Quella sera sistemammo Ulisse nel suo lettino: ormai era cresciuto e poteva già dormire da solo; certo, si convinse a malincuore e si svegliò nel corso della notte, impaurito del fatto che papà e mamma non fossero, come al solito, accanto a lui. Alle 6 del mattino la sveglia suonò e un'ora dopo ero in sartoria per iniziare la nuova settimana. In questo torno di tempo, supportato dalla mia aiutante riuscii a terminare due abiti: ormai lavoravamo in simbiosi, e mentre io cominciavo un pezzo lei lo finiva. Il sabato pomeriggio, pertanto, potevo dire di essere riuscito a terminare tutto il lavoro.

In quel periodo, nondimeno, non tutto era rose e fiori. Da ben tre anni, infatti, avevo aperto la mia sartoria e, con essa, la partita IVA da artigiano. I contributi che versavo, però, aiutato anche dal mio commercialista, erano davvero esigui, a differenza dell'onorario del commercialista. Nonostante questi alti costi ero in regola con i pagamenti, anche se comprendevo perfettamente che, su quelle basi, al momento di andare in pensione avrei beneficiato di una cifra irrisoria stando ai soli contributi versati. Per questo motivo il commercialista mi suggerì di integrare questo trattamento pensionistico con un'assicurazione privata, in modo da usufruire in tarda età di una cifra complessiva più alta.

12

Dopo soli otto mesi dalla nascita di Achille, il mio secondo figlio, mia moglie decise di ricominciare a lavorare. Aveva diritto a dodici mesi di aspettativa ma, dopo aver chiesto a sua madre un aiuto, ha preferito tornare in azienda e riprendere il suo posto, per la felicità del caporeparto. Achille e Ulisse, pertanto, furono accuditi dalla nonna mentre mamma e papà lavoravano.

Naturalmente io accompagnavo come al solito Graziella in fabbrica, quindi tornavo a prenderla a fine turno, ma ad essere sinceri questo andirivieni non mi pesava, anche perché in tal modo potevo arrivare prima in sartoria e lavorare ancora di più.

Al mattino, però, facevo tutto con calma: mi fermavo al bar per la prima colazione, entravo in sartoria e alle ore 8 alzavo la saracinesca; al pomeriggio Graziella si fermava spesso a negozio e mi aiutava, e del resto lei non rimaneva mai sola in casa, mentre io potevo contare sulla sua abilità nel cucire.

Questo tran tran durò per alcuni anni, durante i quali i miei due figli crebbero entrambi. Ulisse, infatti, a 4 anni iniziò a frequentare l'asilo, e successivamente sarebbe andato alle elementari. Achille, invece, in questo stesso periodo cominciò a camminare, appoggiandosi non di rado a sedie e divani e, ovviamente, causando involontariamente la rottura di qualche oggetto in casa. Ma si sa, i bambini ai primi passi si appoggiano dappertutto e capita che facciano cadere accidentalmente qualcosa.

Anche in questa fase delicata, nella quale eravamo impegnati a crescere ben due bambini e al contempo a lavorare, abbiamo potuto contare sull'aiuto del padre e della madre di Graziella, ovvero quelli che già ho definito i miei secondi genitori. Il loro supporto non venne mai a mancare: mia suocera si prendeva cura del piccolo Achille, mentre mio suocero accompagnava Ulisse all'asilo, in bicicletta. Con grande rapidità, pertanto, arrivammo al 1967, cioè sei anni dopo l'inaugurazione della mia sartoria di Monza. Il tempo, insomma, correva veloce e spesso anch'io non ci facevo caso; a ricordarmi il suo fluire, nondimeno, bastava un'occhiata ai miei due bambini, che vedevo crescere sotto i miei occhi.

Io e Graziella nel corso di questi anni siamo ingrassati entrambi, ed io a causa del mio lavoro sedentario sono arrivato a pesare quasi 90 chili, al punto che avevo messo su un pancione da far invidia a una donna incinta. Un giorno, allora la mia aiutante, che come sempre mi aiutava in sartoria, fu così gentile da consigliarmi una dieta: eliminai latticini, grassi, zuccheri, e con mia moglie diminuimmo il consumo di pasta e pane; inoltre dissi addio ai miei adorati cappuccini e cornetti al bar; infine eliminai il cioccolato, che mi piaceva molto, riducendo al minimo carne e uova, al massimo due volte a settimana. Ci nutrivamo soprattutto di tante verdure cotte e d'insalata senza sale. Feci questa dieta per circa sei mesi insieme a Graziella: io riuscii a perdere quasi 30 chili, ma anche mia moglie fu soddisfatta dei risultati raggiunti. In quel periodo acquistammo una bilancia e, ogni lunedì, ci pesavamo per controllare i nostri progressi e per verificare che la dieta procedesse bene. Ovviamente ci concedevamo qualche strappo alla regola; poi, però, sapevamo come rimetterci in forma.

Nel 1970 Ulisse andava in seconda elementare e Achille ormai aveva quasi 5 anni. Da ben nove anni non vedevo i miei genitori, con cui mi sentivo solo per telefono, ma il mio cuore batteva sempre per loro e per la mia amata isola. Pensavo sempre che un giorno sarei tornato a Capri, tentando inoltre d'immaginare quante e quali emozioni avrei provato nel poggiare nuovamente le suole delle scarpe, dopo tanto tempo, sulla banchina del porto. Sospinto da questi pensieri e dalla nostalgia, decisi pertanto insieme a Graziella che non appena Ulisse avrebbe finito l'anno scolastico, saremmo partiti tutti per Capri. In attesa dell'estate continuavamo la nostra solita vita, fatta di tanto lavoro e di gioie domestiche, mentre la domenica andavo a pescare.

L'estate del 1970, tuttavia, alla fine arrivò e finalmente la mia famiglia era pronta a partire insieme a me: destinazione Capri! Graziella aveva preso le ferie per il mese d'agosto; inoltre decidemmo di muoverci in macchina e non in treno. All'inizio d'agosto caricammo i bagagli in macchina e partimmo: dopo quasi 10 ore di viaggio raggiungemmo Napoli. Qui ci fermammo a casa dei miei cugini, che erano ansiosi di conoscere i miei figli; fu peraltro una sorpresa, perché non avevo avvertito nessuno del mio arrivo. Non ci vedevamo da quasi dieci anni e i cugini ci accolsero festosamente; rimanemmo a Napoli per tre giorni e i miei parenti vollero sapere ogni cosa della nostra vita al nord, della quale erano curiosissimi, ed io li accontentai, non risparmiando alcun dettaglio.

Quella sosta passò allegramente e velocemente, e alla fine mi congedai promettendo che sarei tornato a salutarli prima di rientrare a Milano. Arrivammo quindi al molo Beverello per prendere il traghetto e far salire a bordo anche l'auto; dopodiché raggiungemmo Capri, e qui pensai bene di recarmi immediatamente presso un deposito gestito da un amico, al quale lasciai la macchina per quel periodo di ferie. Il titolare del deposito era un compare di cresima – così si dice dalle nostre parti – e fu gentile ad accettare la mia richiesta. Poiché c'era ancora molta strada da percorrere prima di arrivare alla mia vecchia casa, telefonai a papà affinché mandasse qualcuno per aiutarci con le valige. Dopo un'ora arrivò mio fratello con un piccolo trattore: valige, moglie e figli, pertanto, ero riuscito a sistemarli nel migliore dei modi, così potemmo raggiungere finalmente la mia casa; io, nondimeno, volli arrivarci a piedi, perché sentivo il bisogno di respirare a pieni polmoni l'aria della mia amata Capri.

Quando ci videro, papà e mamma toccarono il cielo con un dito per la gioia, infatti presero subito in braccio i loro nipoti. Rimanemmo a Capri venti giorni, durante i quali oltre a stare a casa con i miei genitori, che non vedevo da troppo tempo, andavo in giro con mia moglie e con i miei figli, e tutti ci facevano i complimenti quando ci incontravano perché i bambini erano davvero belli. Come dar torto, infatti, a chi lodava me e Graziella? Ulisse era un ragazzino biondo con gli occhi azzurri, mentre Achille era alto e con i capelli neri. In quell'occasione facemmo visita anche a mio cugino Vincenzo, che ci invitò a pranzo per la domenica seguente. Infine passai a salutare il mio maestro d'un tempo, il sarto Ferrara, cioè colui che mi aveva insegnato questo mestiere, facendo in modo che lo imparassi e lo praticassi nel migliore dei modi. Ferrara fu molto felice di rivedermi insieme a Graziella e, ovviamente, di conoscere i miei figli. Anche a lui raccontai della mia avventura a Milano, che si era conclusa positivamente, quindi di quanto fossi grato alla fortuna, perché al nord mi ero ambientato benissimo, certo con l'aiuto dei miei suoceri e dei tanti amici che avevo incontrato negli anni.

Dal mio arrivo a Milano come emigrato erano trascorsi quasi dieci anni, al termine dei quali potevo essere estremamente soddisfatto del mio percorso lavorativo: avevo confezionato centinaia di abiti da uomo, alcuni da donna e un abito da sposa. A tal proposito voglio raccontare una storia – che del resto ricordo sempre con piacere – concernente proprio l'unico abito da sposa che mi era capitato di cucire. Un giorno, infatti, era venuto a negozio un cliente con cui avevo instaurato un bel rapporto d'amicizia; era un fotografo ed era diventato il fotografo ufficiale della nostra famiglia, infatti aveva scattato alcune istantanee durante il battesimo del mio primo figlio, al quale fece anche da padrino. Quest'uomo volle incontrarmi e mi disse che stava per sposarsi con una dentista, una donna polacca: si sarebbero uniti in matrimonio, quindi sarebbero partiti per la Polonia, dove volevano trasferirsi definitivamente. Egli, pertanto, mi chiese di realizzare l'abito da sposa per la futura moglie e, alla fine, mi disse queste parole, che mi commossero profondamente:

«Sai, Umberto, credo che non ci rivedremo mai più».

Realizzai l'abito da sposa e gli dissi che mi dispiaceva vederlo partire, perché lo consideravo un buon amico. Il giorno della sua partenza venne da me per salutarmi un'ultima volta, infine mi regalò la sua macchina fotografica, che per lui era una inseparabile compagna di lavoro. Le ultime parole che udii da quell'uomo furono queste: «Umberto, ci lega un'amicizia indissolubile. Ho comprato una macchina più professionale e questa, che per tanti anni mi ha accompagnato, voglio regalarla a te»; poi partì per la Polonia, e di lui non ho saputo più niente.

13

Non potevo chiedere di più dalla vita: avevo un bellissimo lavoro, certo faticoso, ma che mi dava tante soddisfazioni; poi una moglie splendida e due bellissimi bambini, da cui ricevevo tutto l'amore possibile. La vita, tuttavia, a volte ci riserva delle pause o, magari, dei momenti nei quali la felicità scompare. Graziella, infatti, fu costretta a rimanere a casa: la sua azienda, presso la quale lei aveva lavorato per ben quindici anni, chiuse i battenti improvvisamente, così mia moglie da un giorno all'altro restò senza impiego. Fortunatamente la mia sartoria continuava ad andare bene, quindi riuscimmo ad ammortizzare questo colpo. Di fronte alla sartoria, peraltro, si trovava un bar e in quel periodo i proprietari avevano bisogno di qualcuno che lo gestisse. Io e Graziella ci informammo subito, e scoprimmo che era necessaria una licenza per poter gestire quel bar. All'epoca conoscevamo un Capitano dei carabinieri di Lissone, che fu molto cortese e ci spiegò per filo e per segno come avremmo dovuto fare per questa licenza, che alla fine ottenemmo. Ebbe così inizio un nuovo capitolo, sia per me sia per Graziella. All'ora di pranzo chiudevo la sartoria e andavo al bar per aiutare mia moglie. Fin dal primo momento, però, vi furono intoppi e sorprese, perlopiù negative. Graziella infatti voleva gestire a tutti i costi il bar ed io spesso mi sacrificavo per darle una mano, a tal punto che avevo quasi dimezzato la mia mole di lavoro. Con il bar del resto si guadagnava bene, anche di più rispetto alla sartoria e, onestamente, era meno faticoso. Nei tre anni in cui gestimmo quel bar, pertanto, i miei orari e i ritmi di lavoro cambiarono: a mezzogiorno mi recavo al bar, dove rimanevo fino alle due del pomeriggio, poi tornavo in sartoria e andavo nuovamente al bar alle sette di sera, così Graziella poteva tornare a casa dai nostri figli. La malasorte, nondimeno, era davvero dietro l'angolo e si accanì contro mia moglie. Da qualche tempo, infatti, lei non stava bene, dunque una dottoressa le consigliò di fare delle analisi per valutare il suo stato di salute. Venne fuori che Graziella aveva un tumore maligno e doveva essere operata urgentemente, anche se a lei dissi che si trattava di una semplice gastrite. Dopo l'operazione mia moglie rimase in ospedale due mesi; chiusi perciò la sartoria e, in quel periodo bruttissimo, mi occupai solo del bar. Finita la degenza, lei nel tornò a casa e inizialmente sembrò guarita del tutto. Per più d'un anno continuò a gestire il bar senza alcun disturbo, poi però ebbe una ricaduta: i medici mi dissero di non farla strapazzare e di fare in modo che si riguardasse, inoltre le prescrissero degli antidolorifici. Graziella allora finì per rimanere stabilmente a casa, assieme ai figli e, quando non si sentiva bene, non si alzava neppure dal letto. Quella situazione – nella quale vedevo precipitare mia moglie senza che potessi far nulla per guarirla – mi addolorava terribilmente, devastandomi giorno dopo giorno. Dopo tante soddisfazioni, infatti, il castello che avevo costruito negli anni e che mi appariva solidissimo, ora dava quasi l'impressione di essere stato edificato sulla sabbia e sembrava voler crollare rovinosamente, seppellendomi sotto le sue macerie. Quasi non credevo, d'altronde, a quello che ci stava succedendo. Al mattino mi alzavo, ormai come un automa, e la sera tornavo a casa, sempre accompagnato da questa sofferenza continua, stillante e che mi straziava, anche se io cercavo di non far trasparire nulla del mio stato d'animo. Quando mi trovavo fra le quattro mura domestiche ero tranquillo, e raccontavo con piacere a Graziella la giornata di lavoro appena trascorsa; poi mi coricavo, avevo al mio fianco lei e potevo dire di essere felice. Cercavo in ogni modo di non farle capire il dramma che stavo vivendo, quindi tentavo di alleviare il male che – lo vedevo – la attanagliava sempre più, poi la stringevo a me e la confortavo. Nonostante i farmaci, però, fu necessario ricoverare nuovamente Graziella: il medico mi disse che non le restava molto tempo, aveva davvero i giorni contati. Chiesi di poter restare accanto a mia moglie fino alla fine. «Umberto» mi disse un giorno lei, che ormai aveva capito cosa le stava succedendo, «perché sei ancora qui?». «Perché è qui che voglio stare» le risposi io con un filo di voce. Graziella allora spalancò gli occhi, mi guardò e disse: «Umberto, baciami adesso che sono ancora viva e, mi raccomando, quando non ci sarò più abbi cura dei nostri figli. Con te ho passato un periodo stupendo della mia vita, in cui sono stata molto felice, e con te ho fatto due figli meravigliosi». Dopo queste parole avrei voluto soltanto piangere, a dirotto, ma non volevo che lei mi vedesse in quello stato, quindi feci uno sforzo sovrumano e la rassicurai; e fu così che arrivò la fine della sua esistenza, una vita spezzata a soli 42 anni. Graziella non meritava questa morte. Ha avuto un'adolescenza difficile ed è diventata grande prima del tempo, perché ha dovuto occuparsi dei fratelli più piccoli; poi fu mandata in convento, dalle suore, dopo l'alluvione. Il destino è stato davvero crudele con questa donna, che sembra quasi venuta al mondo per soffrire e nei vent'anni di matrimonio passati con me ha avuto senz'altro il periodo più felice della sua intera esistenza; e che lei porterà per sempre con sé, in paradiso. Con la sua dipartita – il 22 febbraio 1982 – ha lasciato me e i suoi due figli, un ragazzo di 19 anni e uno di appena 16 anni.

Da allora ebbe inizio, letteralmente, il periodo più nero della mia vita. Dopo la morte di Graziella, infatti, ero sconvolto e non sapevo cosa fare: Ulisse, che già frequentava le scuole superiori, spesso disertava le lezioni, mentre Achille era in età adolescenziale e aveva bisogno ancora della madre. Anche per queste ragioni pensai che sarebbe stato meglio che i ragazzi vedessero in casa, dopo la morte della madre, un'altra donna: Ida, che diventò la mia nuova compagna e che tuttavia aveva già un figlio.

Con il senno di poi, nondimeno, posso dire che non fu una buona idea, infatti quando tornavo a casa dal lavoro mi accorgevo che c'erano sempre malumori, dissidi, o addirittura veri e propri litigi tra i miei figli e Ida. Ulisse e Achille semplicemente non la accettavano, quindi non presero affatto bene la mia decisione di intrattenere una relazione con lei, al punto che la famiglia si sciolse come neve al sole. Spesso Ulisse e Achille mi mancavano di rispetto, e soprattutto non capivano i sacrifici che facevo per loro. Alla fine, esacerbato da questa situazione, chiusi la sartoria, che tanto avevo voluto quando ero giovane, portandola avanti con abnegazione per oltre vent'anni. Volli occuparmi, allora, solo del bar, anche perché sapevo quanto Graziella lo aveva desiderato e quanto le piacesse gestire quel locale; con la sua scomparsa, però, tutti gli equilibri erano saltati e nulla sembrava andare più per il verso giusto.

Io, inoltre, ero sempre più nervoso, scontento, irascibile e i miei figli non mi ascoltavano: Ulisse, che ormai aveva 20 anni, faceva come voleva e portava la sua ragazza in casa, mentre Achille non sopportava questa situazione e spesso si picchiava con il fratello, che del resto era diventato un vero prepotente, anche con me e con Ida. In quel periodo così difficile, immediatamente successivo alla morte di Graziella, pensai spesso a quali sbagli potevo aver fatto, contribuendo così – certo involontariamente – a quel disastro. Alla fine riconobbi il mio errore: aver lasciato per troppo tempo, soli in casa, entrambi i miei figli, finendo poi per passare tutto il giorno a occuparmi del bar dopo la morte di Graziella. Non mi sarei dovuto comportare così, concentrandomi solo sul lavoro e lasciando i figli in balia delle onde, anzi sarei dovuto tornare più spesso a casa, stando con loro, educandoli e riservandogli mille attenzioni. Invece non l'ho fatto e non ho ascoltato i suggerimenti della mia povera moglie, prima che morisse: «Abbi cura dei nostri figli», ma io non sono stato capace. Certo, quando tornavo a casa stavo un po' con loro, facevo la spesa, a volte cucinavo, ma evidentemente ciò non bastava e sia Ulisse che Achille avrebbero avuto bisogno dell'affetto del padre.

Pertanto, presi la decisione di vendere quel bar, quindi chiamai il signor Canavese affinché mi aiutasse a vendere i tessuti residui della sartoria, infine misi in un deposito tutti gli strumenti del mestiere di sarto che mi erano rimasti. Con i soldi che riuscii a racimolare, aprii un nuovo bar a Lissone. All'inizio questa attività sembrò procedere senza problemi ed io provai anche, dopo tanto tempo, sensazioni positive; ma si trattava di un fuoco di paglia e alla fine potei gestire quel bar solo per tre anni.

Ricordo che durante i mondiali di calcio chiesi a un mio conoscente di portarmi un televisore nel locale, per far vedere la partita, Italia-Cile, ai clienti. Chiusi il bar alle 2 di notte e la mattina seguente trovai la porta del locale spalancata: avevano rubato la tv. Capii che si trattava, inequivocabilmente, d'un segno del destino e preferii dunque lasciare quel bar. Ritornato a casa dai miei figli, fui sopraffatto da una nuova, cocente delusione: l'appartamento era vuoto, completamente, e al suo interno non c'era più nessuno. Una vicina mi riferì che Ulisse, il maggiore, era andato a vivere con la sua ragazza, mentre Achille, ormai ventenne, si era imbarcato su una nave a Genova. Così, in pochi anni, avevo perso sia mia moglie, sia i miei figli.

14

A Lissone era in vendita una latteria; chiesi allora al Comune il permesso d'installare lì una macchina per fare il caffè e così quel locale divenne un bar-latteria gestito da me e da Ida, la mia compagna. Dopo qualche anno si fece vivo Achille, a dire il vero piuttosto malconcio. Prodigandomi in ogni modo, riuscii a prendere a Lissone un negozio che aveva anche un appartamento al piano superiore; mi ero interessato a quell'immobile per il bene di mio figlio, così da donargli una casa, mentre io ripresi a fare saltuariamente il sarto. Tornai infatti nel deposito in cui avevo ammassato i miei "ferri del mestiere", quindi presi con me di nuovo tutto il mio materiale e mi accordai con i negozianti della zona, ad esempio per effettuare alcune riparazioni.

Inizialmente le cose andarono benone: Achille abitava al piano superiore, ed io fui capace di riavvicinarmi a lui. Un giorno, però, egli mi disse che sarebbe andato via, che i genitori della sua ragazza avevano trovato un appartamento, dove i due ragazzi volevano vivere insieme. A quel punto decisi di lasciare quell'immobile, perché non aveva più senso rimanere: Achille ormai era in buone mani, e anche Ulisse abitava con la sua fidanzata, mentre io non volevo continuare a vivere di stenti.

Si presentò una nuova occasione: era in vendita un bar a Lentate sul Seveso, sempre vicino Monza. Insieme a Ida andammo a vederlo: era malmesso ma, secondo la mia compagna, aveva un enorme potenziale. Anche qui c'era un appartamento al piano superiore, arredato, mentre il bar era dotato d'una sala molto grande; sul retro, invece, si trovava la cucina, infine c'era un cancello e un bel cortile. Spinto da Ida, mi feci convincere e firmammo il contratto dopo una settimana di prova. Con lei mi recai in Comune per regolamentare la cessione e la gestione, quindi effettuammo il cambio dell'intestazione di luce e gas e, a dire il vero, sembrava tutto in regola.

Il proprietario dello stabile era una persona cortese e disponibile – il primo anno non mi fece pagare l'affitto e in seguito mi chiese una cifra contenuta – quindi mi convinsi che le cose potessero procedere senza problemi. Prendemmo dunque in gestione questo locale e Ida mise in ordine l'appartamento, che del resto usavamo solo per andare a dormire poiché trascorrevamo tutto il giorno al bar. Gli ostacoli, però, non tardarono a presentarsi sulla nostra strada e di problemi a ben vedere ne sorsero immediatamente, fin dal primo giorno.

Durante l'inaugurazione, infatti, organizzammo un rinfresco e arrivò molta gente, compreso un gruppo di ragazzi. Chiudemmo il locale alle 2 di notte e l'incasso fu soddisfacente. Il giorno dopo quello stesso gruppo di ragazzi – piuttosto fannulloni, in realtà – tornò al bar, ma per le arie che si davano e per i loro atteggiamenti somigliavano più a una gang. Purtroppo il nostro bar, nel tempo, divenne il loro punto di ritrovo e questi figuri facevano un po' quello che volevano. Ordinavano birra al mattino presto, mettevano i piedi sui tavoli, fumavano erba davanti a noi e, soprattutto, sfruttavano i bagni che si trovavano in cortile per drogarsi e per sniffare cocaina.

Io, però, non volevo farmi intimidire da quei pessimi soggetti: un giorno, spazientito, presi due di loro – che sembravano essere i capi della gang – e li convinsi a seguirmi nei bagni del mio locale. Lì c'era di di tutto: siringhe, sangue sui muri, sporcizia ovunque. Quando tornammo al bar li feci sedere: gli parlai con calma, spiegandogli che quell'atteggiamento non mi piaceva e che loro si sarebbero dovuti comportare come ragazzi educati, rispettando così me e il mio locale. Dissi inoltre che non potevano fumare erba e non potevano usare i bagni per drogarsi: «Il Blu Bar deve diventare un modello» conclusi, «ed io sarò felice di servirvi se vi comporterete bene con me».

Uno di questi ragazzi, peraltro, lo conoscevo di vista e sembrava anche una persona diversa rispetto ai suoi amici: faceva l'imbianchino ed io, per mostrare la mia buona volontà, lo incaricai di pulire i bagni: lui fece il lavoro e poi mi chiese scusa. In breve tutti i suoi amici sparirono, sicuramente perché avevano capito che il mio bar non faceva per loro; a frequentarlo rimase solo l'imbianchino, che continuò a venire per molto tempo, anche con sua moglie. A Lentate, infatti, rimasi diversi anni e del resto mi ero fatto una buona clientela: al bar accedevano circa trenta persone al giorno; nel locale si consumava all'ora di pranzo e i ragazzi venivano pure di sera. Inoltre avevo installato un juke-box e in questa maniera allietavo gli avventori. Il sabato sera e la domenica molti ragazzi andavano a ballare, quindi chiudevo il bar; ma durante la notte sentivo bussare alla porta e trovavo orde di giovani che chiedevano un panino oppure volevano fare colazione.

Il mio cliente più affezionato, tuttavia, era il signor Canavese, il mio vecchio fornitore di tessuti: «Sai Umberto» mi diceva, «per lavoro vado in giro per tutta la Lombardia, ma non ho mai mangiato da nessuna parte un panino buono come quello che prepari tu». Un giorno Canavese mi domandò se potevo accompagnarlo a fare una commissione: la moglie – che era infermiera presso l'ospedale di Garbagnate – lavorava e lui doveva recarsi ad acquistare un mobile. Purtroppo era impossibile per me lasciare il bar, ma lui capì quale era la mia situazione, così andò da solo. Due giorni dopo ricevetti una telefonata dalla moglie di Canavese e la signora mi informava che il marito era morto in un incidente stradale. Andai al suo funerale, anche perché Canavese era una bravissima persona, che mi aveva sempre aiutato, fin dal mio arrivo a Milano mi era stato vicino e mi aveva consigliato nel migliore dei modi. Ha seguito il mio percorso lavorativo, ed è venuto a trovarmi in tutti i bar che ho gestito fino al giorno prima della sua scomparsa, che per me fu non a caso un dispiacere indescrivibile. Mentre scrivo questo libro ho nel cuore, naturalmente, la mia Graziella, ma il ricordo del signor Canavese è comunque indelebile.

Nonostante riuscissi a gestire bene il bar, accadde un fatto spiacevole, che fra l'altro mai mi sarei immaginato: subii una rapina a mano armata. Nel mio locale infatti irruppero in due, entrambi con la pistola; la sera prima – era un sabato – avevo lavorato molto, pertanto dissi ai malviventi di non fare sciocchezze, di prendere l'incasso e di filare via. Quei criminali erano arrivati nel mio bar alle 10 del mattino, incappucciati e armati: uno era rimasto fuori, mentre l'altro entrò, venne da me dietro il bancone e mi fece aprire la cassa, svuotandone l'intero contenuto.

Mentre questo delinquente continuava ad arraffare soldi, per sbaglio gli partì un colpo ed io mi accorsi subito che la sua era una pistola a salve, così gli strappai il cappuccio e lo guardai in viso. Lui riacciuffò l'arma e sparò d'impeto quattro colpi sulla mia testa, uno dopo l'altro: sebbene a salve, gli spari mi procurarono alcune lacerazioni e il sangue cominciò a colare sul mio volto; i banditi, intanto, scapparono ma io riuscii a ferirne uno, lanciandogli contro istintivamente un vaso. I vicini chiamarono l'ambulanza e anche i carabinieri. Fui portato in ospedale, dove rimasi tre giorni per effettuare alcuni accertamenti, con un sospetto trauma cranico.

Quando tornai a casa, Ida aveva preso il mio posto al bar e ad essere sinceri se la cavava piuttosto bene. In testa avevo ancora una vistosa fasciatura, quindi decisi d'indossare un cappello. Venni successivamente a sapere che i rapinatori erano partiti per il sud e che i soldi rubati a me erano stati trovati all'interno di un altro bar, in un frigorifero. Dopo un mese circa, un amico mi propose di cedere il locale a un ragazzo, che era il figlio del proprietario di un mobilificio. Mi offrirono una bella cifra, pertanto io e Ida accettammo di cedere il Blu Bar.

Ci recammo in Comune per il cambio di gestione e l'impiegato mi disse che, tempo addietro, era stata depositata una licenza da ambulante. Fu una vera e propria occasione: grazie alla vendita del bar e a questa licenza piovuta dal cielo, avevo la possibilità d'iniziare una nuova attività. Io e Ida salutammo i nostri vecchi clienti, offrii a tutti da bere e feci i miei migliori auguri al nuovo gestore. Poi, insieme a Ida, partimmo per le vacanze, anche perché era ormai agosto e al nuovo lavoro avremmo pensato al nostro rientro.

Andammo in Puglia, dove la sorella di Ida aveva affittato un appartamento per le vacanze; fu proprio lei a suggerire a Ida di acquistare una casa da quelle parti grazie ai soldi di un'eredità. Ida la comprò, ma era tutta da sistemare, quindi contattammo una ditta affinché effettuasse i lavori di ristrutturazione. Il muratore vide l'appartamento e ci disse che il pavimento era umido, perciò era necessario realizzare un vespaio di 40 centimetri per rialzarlo; all'ingresso, inoltre, costruirono tre gradini, poi una scala interna per accedere al tetto. La ditta che avevamo interpellato ci fece sapere che la ristrutturazione sarebbe terminata l'anno seguente; ovviamente accettammo, anche perché così avremmo avuto a disposizione una nostra casa per le vacanze al mare.

Appena tornai a Milano con Ida, mi dedicai immediatamente alla mia nuova attività: l'ambulante. All'inizio utilizzai un *pesciotto*, cioè un portapacchi che aveva i cavalletti legati con alcuni elastici, al quale aggiunsi un compensato che fungeva da ripiano, nonché un grande ombrellone per la copertura. In quel modo ero pronto e attrezzato per girare nei mercati; il Comune di Lissone mi assegnò infatti tre mercati alla settimana, ma c'era un grande punto di domanda: quale merce sarei andato a vendere? Per questo motivo mi recai a Como, dove avevo dei contatti, per comprare articoli in seta e tessuti vari; una ditta mi forniva foulard in lana e scialli, con tanti colori e fantasie. Dopo aver fatto scorta, poteva cominciare per me una nuova avventura.

15

Pertanto, ebbe inizio la mia attività di ambulante. Nella vita non ho mai pensato all'eventualità d'un fallimento e, con il mio proverbiale entusiasmo, tutti i lavori che ho svolto, di qualsiasi tipo, non sono mai stati un peso o una vergogna, né io ho mai creduto che potessero andar male. Ciò che mi è sempre interessato, al contrario, era vendere i miei articoli e incrementare così i guadagni, presentando ai clienti prodotti nuovi e che fossero di loro pieno gradimento. Il lavoro di ambulante, peraltro, rendeva parecchio e in tutti i mercati nei quali andavo a proporre la mia merce riscontravo un buon successo di vendite, incontrando il favore della clientela. Quando non ero nei mercati che mi venivano assegnati dal Comune di Lissone, mi spostavo nelle piazze dei centri urbani limitrofi, inclusa Milano, dove trovavo sempre un posto libero in uno dei suoi tanti mercatini.

Insomma, il lavoro non mi ha mai spaventato ed io mi informavo circa le date delle fiere di tutta la Lombardia, che si tenevano perlopiù di domenica. Così caricavo di merce la mia macchina, partivo e andavo a vendere, e ho sempre guadagnato bei soldi. Ho avuto occasione, negli anni, anche di partecipare in qualità di ambulante a molte fiere in Liguria, nel Bresciano, a Mantova, Varese, Torino, nonché – con un mio vicino di mercato – a Bassano del Grappa, un'esperienza questa che ricordo ancora oggi con piacere. Nonostante le lunghe ore di viaggio che ogni volta dovevo affrontare, quando imboccavo la strada del ritorno era comunque una gioia, perché ero stato capace di vendere i miei prodotti, avevo guadagnato ed ero soddisfatto di me stesso. Ho fatto questo mestiere per diversi anni, sempre con il mio spirito indomito e battagliero.

Un giorno, mi chiamò il setificio di Como, quello che riforniva il mio banco, e mi chiese se volevo fare tutta la Liguria come rappresentante delle loro sete. Mi proposero un contratto che trovai favorevole, e fu in questa maniera che cominciò per me una nuova avventura. L'azienda mi chiese di iniziare da Marina di Massa e poi di arrivare fino all'ultimo paese prima della frontiera con la Francia; erano loro a pagare le spese per il carburante e dei pernottamenti. Partivo come sempre con l'auto – che intanto avevo cambiato, scegliendone una più grande – carica di merce all'inizio della settimana e rientravo in ditta il sabato. Nel bagagliaio avevo circa 12 scatole di cravatte, quasi 1.500 pezzi, e un migliaio di foulard da donna. In ogni città dovevo visitare un negozio da uomo e una boutique da signora. Ogni negozio doveva pagarmi in contanti per acquistare la merce; successivamente l'azienda mi disse anche di concedere il conto vendita, ma solo per i clienti più fidati e per pochi quantitativi alla volta.

Purtroppo questa modalità di pagamento non si rivelò una buona idea: molti clienti non pagavano e rimandavano al mese successivo; io però mi ritrovavo a fare il giro della costa ligure più volte e, spesso, tornavo a casa a mani vuote. Dopo circa un anno, pertanto, e dopo aver fornito l'azienda di un portafoglio clienti vasto, il contratto di lavoro non mi fu rinnovato. Tornai allora a fare l'ambulante, ma anche in tal caso si presentarono alcuni problemi: i mercati che mi venivano indicati dal Comune di Lissone, da tre che erano si ridussero progressivamente a uno solo; inoltre non potevo più rifornirmi presso il setificio di Como, con cui avevo rotto ogni rapporto. Trovai allora una piccola azienda, un laboratorio a conduzione familiare, che pur non producendo cravatte particolarmente belle, era una piccola realtà alla quale appoggiarsi e con cui poter lavorare.

Purtroppo, però, arrivò anche il momento in cui faticai sempre più a vendere i miei articoli, che evidentemente erano passati di moda. Un giorno, allora, conobbi un signore, Dino Calima, che voleva gli realizzassi un abito, ma io risposi che non avevo più una sartoria e lui mi propose di andare a lavorare nella sua casa, una villetta a Cinisello Balsamo. Nel seminterrato di quella casa, infatti, c'era una stanza molto grande, con una bella finestra e lì avrei potuto ricominciare a lavorare. Tornai quindi in quel deposito nel quale avevo accatastato gli attrezzi del mestiere di sarto, e li trasferii a

Cinisello Balsamo. Nell'abitazione del signor Calima sistemai il bancone per tagliare, il banco per stirare, la macchina da cucire e la caldaia a vapore, insomma tutto il materiale che mi serviva per lavorare e che era pulito e in ordine, pronto per essere di nuovo utilizzato. Con Calima, inoltre, mi recai in un negozio per acquistare i tessuti e tutto quel che occorreva per realizzare il suo abito; Dino peraltro aveva molte conoscenze, così iniziai a crearmi grazie a lui una piccola clientela.

Dopo tanti mestieri che avevo fatto nel corso della vita e in seguito alla chiusura della mia sartoria, ero riuscito a tornare alle origini: ricominciai a fare il sarto. La villetta del signor Calima aveva anche un bel giardino e io ero solito arare la terra e piantare alcune verdure e ortaggi durante le pause dal lavoro. Mi trovavo bene lì, a parte la distanza non indifferente di Cinisello rispetto a Monza, che mi costringeva a percorrere molti chilometri. Con Dino ormai eravamo diventati amici e un giorno egli mi propose di partecipare a una festa con lui, o meglio mi chiese di cucinare in quell'occasione. Fu d'altronde una festa molto bella; io preparai due primi, un secondo misto di carne, verdure cotte e crude.

In poco tempo Dino aveva detto ai suoi ospiti quale era il mio vero mestiere e in men che non si dica quasi tutti gli invitati mi chiesero di realizzare per loro qualcosa. Io fui molto contento di ciò, anche perché vennero da me alcune ragazze bellissime, che volevano che cucissi per loro dei pantaloni. Dino, pertanto, lo consideravo ormai un amico, nonostante fosse piuttosto prepotente nel complesso, e faceva sempre in modo di ricordare che lui era il proprietario di casa ed io l'ospite, il quale si trovava lì senza pagare l'affitto. La mia attività presso il signor Calima, nondimeno, durò per parecchio tempo ed egli mi presentò un suo fidato amico, Celso Drago, con cui formammo un bel gruppo. Tutti e tre passavamo i pomeriggi a giocare a carte e ci divertivamo.

Litigai con Ida e lei mi cacciò di casa; Dino allora mi disse che potevo dormire nel seminterrato, la stanza era grande e non ci sarebbero stati problemi ad aggiungere un letto. In cambio mi chiese di cucinare per lui e a me sembrò un'offerta più che ragionevole. Con Dino e con Drago, inoltre, andavamo spesso a ballare nel fine settimana ed io stavo vivendo un buon periodo, dopo tutto, perché ero riuscito a non farmi trascinare a fondo dai problemi che avevo avuto con la mia compagna. Su questo aspetto, del resto, intendo soffermarmi e posso dire che la convivenza con Ida, dopo la morte di Graziella, non fu idilliaca. Tra me e Ida, infatti, ci sono state spesso discussioni, anche per futili motivi, e lei era una donna difficile, possessiva e incline non di rado ad alzare le mani, quindi dovevo beccarmi pure qualche schiaffo.

Quando Ida andò via, provai sulla mia pelle la vita del separato, alla quale però mi abituai e che finì per non dispiacermi affatto. Credo inoltre che non avrei mai dovuto portare quella donna in casa mia, a suo tempo, e neppure quel maleducato di suo figlio. Quando morì Graziella, infatti, io ho portato a casa una vera e propria sconosciuta e i miei figli non la presero bene. Tentai di spiegare a Ulisse e ad Achille il senso di quella mia scelta, e che io ero costretto a lavorare fino a notte fonda, pertanto c'era bisogno di una figura femminile che badasse a loro dopo la scomparsa della madre. I miei figli avrebbero dovuto capire che non potevo fare tutto io. Loro erano già grandi, Ulisse aveva 19 anni, Achille 16 ed io ho sempre pensato di fare il loro bene, perché nella vita si possono commettere degli errori, ma i figli non si lasciano mai soli.

Poi, però, tutto è andato a catafascio: Achille è partito, mentre Ulisse andò a vivere con la fidanzata e dalla morte di Graziella la nostra famiglia si è praticamente distrutta. Mentre mi trovavo a lavorare a Grado, in una pasticceria, venni a sapere che Ulisse si stava per sposare in Calabria, così montai in macchina, partii ed arrivai in Calabria giusto in tempo alla funzione religiosa,Ulisse fu felice di vedermi ed era contento che io fossi andato ma nonostante la mia stanchezza per il lungo viaggio e la giornata del matrimonio la notte stessa tornai a Grado, e ricordo ancora la luna piena, in cielo, che mi ha accompagnato per tutto il viaggio: io guidavo e guardavo la luna, che era sempre davanti a me.

Intanto i mesi passavano ed io continuavo a divertirmi insieme a Dino e Drago: facevamo la vita da vecchi scapoli, anche se un bel giorno si ripresentò da me Ida. Era uno scheletro, faceva fatica persino a camminare e mi disse che non riusciva a vivere senza di me. Mi chiese inoltre se potevamo tornare insieme; io mi presi cura di lei, le diedi le giuste medicine, feci in modo di garantirle un'alimentazione corretta e in soli cinque mesi si rimise in forma. Quando tornai a casa con lei scoprii che aveva fatto un uso spropositato di farmaci: Valium e altri sonniferi, al punto che era arrivata a prendere anche dieci pasticche al giorno.

Buttai nel cestino della spazzatura quella roba e la accompagnai dal nostro dottore di fiducia, al quale domandai quali medicine avrebbe dovuto assumere Ida, che volevo si sottoponesse ad alcuni esami e a visite specialistiche. Dopo un elettrocardiogramma, i medici decisero di ricoverarla e in seguito a una settimana di terapia lei tornò a casa; io mi ritrovai allora a fare l'infermiere a domicilio. Un giorno, però, Ida cadde improvvisamente a terra, io la rialzai e la portai subito in ospedale, non so neppure con quale forza. In ospedale mi dissero che si era trattato di un infarto, quindi Ida fu operata d'urgenza mentre io aspettavo in sala d'attesa. Rimasi lì tutta la notte e alle 4 la dottoressa mi permise di vedere Ida, che non era morta:

«Umberto» mi disse inoltre la dottoressa, «il suo intervento è stato tempestivo e, se lei non avesse portato la sua compagna al pronto soccorso, non saremmo riusciti a salvarla».

Ida subì in quell'occasione un delicato intervento al cuore, e poté tornare a casa dopo un mese. I dottori mi dissero quale nuovo stile di vita lei avrebbe dovuto adottare e mi fecero tutte le raccomandazioni del caso. Grazie a me, del resto, Ida rinacque: il Signore non la aveva ancora chiamata a sé e lei non era più imbottita di psicofarmaci. Da quando è tornata a casa, inoltre, non abbiamo avuto più problemi di convivenza, sebbene io controllassi sempre che lei assumesse i farmaci che le venivano prescritti e alle dosi giuste. Sono ormai passati vent'anni da quel brutto giorno ed oggi ho 86 anni, Ida 81, pertanto ancora mi chiedo fino a quando ancora avrò le forze di occuparmi di lei. Anch'io, infatti, ho il peacemaker, non ci sento più e ho bisogno degli auricolari da ormai sette anni; nondimeno continuo a guidare e in casa faccio tutto, fin quando mi reggeranno le forze.

E i miei amici? Drago ormai ci ha lasciato, ed è sicuramente in paradiso, mentre con Dino i rapporti si sono deteriorati. È vero, è sempre stato prepotente, ma dopo la morte della madre e del figlio – che purtroppo faceva uso di droghe – Dino lo è diventato ancora di più. Sua figlia, un giorno, mi ha detto che dovevo portare via tutte le mie cose dall'abitazione di Cinisello Balsamo, perché quegli ambienti voleva adibirli a palestra. Non lavorando più lì, inoltre, ho perso l'abitudine di giocare a carte con lui.

Durante la pandemia, invece, Dino ha cominciato a insultarmi, perché avevo deciso di vaccinarmi per proteggermi dal Covid. Secondo lui, però, comportandomi in questo modo ero solo un ignorante, e d'altronde Dino ormai passava tutto il tempo al computer, navigando in Internet, ed era diventato un seguace fanatico di alcune strane teorie che aveva reperito on line. Insomma è diventato un No Vax convinto e anche abbastanza aggressivo, ed è stato questo il motivo per cui la nostra amicizia è finita. Un giorno gli ho detto che se voleva continuare a giocare a carte con me, doveva mettere la mascherina, ma lui si è infuriato e mi ha cacciato. Anche se sono stato bene per tanti anni in compagnia di questa persona, il suo comportamento durante la pandemia mi ha indispettito e tuttora non lo accetto, ritenendolo offensivo nei miei confronti.

CONCLUSIONE

Mi sono reso conto che con la vecchiaia cambiano tante cose, ed è proprio la vecchiaia che ci costringe, nostro malgrado, a questi fondamentali cambiamenti. Quando si è anziani, infatti, tutto passa più velocemente davanti agli occhi e ci si trova a ripensare al proprio passato, cioè alla vita che abbiamo fatto, e che tentiamo di ricostruire pazientemente, un pezzo dopo l'altro. Quando riusciamo a compiere questa delicata operazione, con questo metodo siamo in grado di edificare un intero palazzo. Io, in questo libro, ho fatto proprio così, provando a mettere nero su bianco le fasi e i periodi più importanti della mia lunga esistenza.

Mi sto accorgendo ora che tutto, un giorno, finirà, e del resto non mi sono mai nascosto dinanzi al destino, che è sempre stato benevolo con me, perché mi ha donato una ottima salute, che mi ha consentito di vivere a lungo, e di ciò ringrazio il Signore. Chi crede in Dio, infatti, deve sempre lodarlo per ciò che è stato capace di regalarci, giorno dopo giorno. Alla mia veneranda età, tuttavia, comincio per la prima volta a sentirmi stanco. Io non lo so cosa troverò nell'aldilà, forse niente, forse... chi lo sa; so però che la mia vita l'ho vissuta davvero, intensamente, e non sono arrivato con fatica alla vecchiaia.

Ho soltanto una spina ancora conficcata nel cuore, qualcosa che mi tormenta e mi rode l'anima, soprattutto quando penso a tutte quelle persone la cui vita è stata strappata nel fiore degli anni. Mia moglie Graziella, ad esempio, che è stata molto sfortunata nella sua esistenza, una donna che non ha fatto in tempo a godersi la felicità. Ditemi infatti se è mai possibile considerare questa persona "fortunata" in quello che è stato il suo breve tragitto esistenziale. Io penso proprio di no, e la sua vita non a caso si è spezzata quando aveva cominciato a godersi un po' di felicità.

Perché, a soli 42 anni, mia moglie è stata costretta a lasciare per sempre la sua famiglia? Eravamo veramente felici insieme. Adesso che sono diventato vecchio, vivo con la persona che avrebbe dovuto aiutarmi con i miei figli dopo la morte di Graziella. Con mia moglie ho vissuto appena 20 anni; con Ida, invece, che non ho sposato, ben 41.

Quando sono andato in pensione ho pensato che il ciclo della mia vita fosse quasi finito. Sono sempre stato un uomo molto attivo e ho cercato costantemente il lavoro; perché il lavoro se lo cerchi lo trovi, ed esso non è mai venuto da me, perché sono stato io, nel tempo, a propormi e spesso a inventarmi letteralmente un lavoro. Da quando sono a riposo e faccio il pensionato, non sento più di vivere bene; adesso è da tanti anni che sono in pensione e devo confessare che non ho più stimoli, forse perché sono stanco di una vita che ormai mi sembra priva di attrattive e di motivazioni, insomma quasi una noiosa strada in discesa.

Sono 41 anni che, tutte le settimane, vado a pregare sulla tomba della mia sfortunatissima moglie, Graziella, e prego sempre Dio che, prima o poi, mi consenta di riprendere insieme a lei – chissà dove – quel percorso comune che, in una vita terrena, purtroppo si è interrotto all'improvviso; il Signore però non ne vuole sapere di ascoltarmi e di accontentarmi, e preferisce ancora che sia io, da solo, a pregare sulla tomba di mia moglie, nella quale lei riposa in pace.

In conclusione, questo è il racconto della mia vita. Non sono scontento di me e di come si è svolta la mia esistenza; al contrario, sono molto soddisfatto. Posso infatti vedere ancora i miei figli, i miei nipoti e persino i miei pronipoti, che mi chiamano bisnonno ed io sono davvero orgoglioso quando sento le loro voci. D'altronde li amo più di me stesso e, con la mia esperienza di vita e alla mia età, posso avere perfino la presunzione di dargli qualche consiglio.

FINE

Capri è tutta una canzone
amo il mare
quando si infrange
sulla scogliera
amo il vento
col suo sbillare
sento quella musica
nelle mie orecchie
che arriva da lontano
è come una canzone
già ascoltata
Capri è tutta una musica
amo capri
in tutta la sua immensità
al calar del sole
al risveglio del mattino
l'alba illumina i nostri
cuori
amo Capri
che col suo sorgere
del sole splende
come un punto luce
capri è una meraviglia
dell'universo.